# 孔子学堂

用无可代替的智慧摆渡现代人生

如果我们每个人都坚持自己是正确的，不愿承认自己不如别人，这样难免就会产生不满和争执，影响人与人之间的情感交流，所以人贵在自省，知错能改。

——智出《论语·里仁》

东篱子◎编著

中国华侨出版社

图书在版编目（CIP）数据

孔子学堂/东篱子编著 . —— 北京：中国华侨出版
社 , 2014.3
ISBN 978-7-5113-4486-1

Ⅰ.①孔… Ⅱ.①东… Ⅲ.①孔丘（前 551 ~ 前 479）
—哲学思想—研究 Ⅳ.① B222.25

中国版本图书馆 CIP 数据核字 (2014) 第 042140 号

● 孔子学堂

编　　著 / 东篱子
**责任编辑** / 齐敬霞
**封面设计** / 智杰轩图书
经　　销 / 新华书店
开　　本 / 710×1000 毫米　1/16　印张 18　字数 220 千字
印　　刷 / 北京溢漾印刷有限公司
版　　次 / 2014 年 5 月第 1 版　2020 年 5 月第 2 次印刷
书　　号 / ISBN 978-7-5113-4486-1
定　　价 / 60.00 元

中国华侨出版社　　北京朝阳区静安里 26 号通成大厦 3 层　　邮编 100028
**法律顾问：陈鹰律师事务所**
编辑部：（010）64443056　　64443979
发行部：（010）64443051　　传真：64439708
网　　址：www.oveaschin.com
e-mail：oveaschin@sina.com

# 前言

　　上世纪八十年代初，数十位历届诺贝尔奖得主聚会法国巴黎，共同探讨 21 世纪人类需要怎样的思想来维持和平共存的局面，最后他们达成共识，那就是——孔子思想。

　　孔子生于春秋乱世，他的成长背景平凡而贫穷，然而在一切不利因素的阻碍之下，孔子却激发出了伟大的生命潜能，最终为世人展现了"人"的完美典型。于是，孔子与释迦摩尼、苏格拉底、耶稣，被后人并尊为人类历史上的"四圣"，因为他们在世界的不同角落，不约而同地掀起了一场人类的道德革命。

　　对于孔子，后世曾有人这般评价说："夫子之文章，可得而闻也；夫子之言性与天道，不可得而闻也。"朱熹对他更是崇拜有加，他说"天不生孔子，万古如长夜"。

　　孔子"人能弘道、非道弘人"，"躬自厚而薄责于人"的生存智慧里，一以贯之的为"和"字："礼之用，和为贵，先王之道，斯为美。"这对于生存问题远未成为昨日话题的当代人类，有效地整合人与自然、人与社会、人与人之间价值的激烈冲突，并最终促进世界的和谐与进步，无疑具有十分重要的现实价值。

　　孔子的话，绝大多数是针对人性而发。虽然时隔千年之久，沧海已成桑田，但自古以来唯一鲜有变化的就是人性，所以说，即便是千年之后的现代人品味起孔子的那些智慧，依然可以获得很大的启益与帮助。

仔细品味孔子的智慧你会发现，在那个"礼崩乐坏"的乱世之秋，他已然建立起了一套完善合理的人生观，正因如此，他的一生才可以从容不迫一如行云流水，安定稳健一如东岳泰山。现代人追求物质而轻忽精神生活，重新解读孔子的思想，感悟那延续千年的智慧，足以让我们归根复命，走出一个美好的未来。

《孔子学堂》一书，深入体悟了中国人无可替代的精神根底和心魂所在，是在用孔子的智慧摆渡现代人生。

# 目 录 ◞

**第一课　修身养性：感悟做人的品格与心态**

生活对于我们每一个人来说，都应该是一次快乐的旅行。尽管我们每个人在一生当中会经历各种痛苦、折磨、悲伤和失望，但是快乐的生活是源自我们内心的，来自于我们的修养、我们的经营，来自于我们不断从内心增进的自我意识，让我们能够以一种辽阔、高远的视角来看待一切，达到一种精神自由的境界。

德不孤，必有邻 …………………………………………… 2

己所不欲，勿施于人 ……………………………………… 5

成人之美，不成人之恶 …………………………………… 7

奢则不孙，俭则固 ………………………………………… 10

一日三省吾身 ……………………………………………… 13

磨而不磷，涅而不缁 ……………………………………… 15

见利思义，见危授命 ……………………………………… 18

不患莫己知，求为可知也 ………………………………… 20

人不知，而不愠，不亦君子乎 …………………………… 22

丘也幸，苟有过，人必知之 ·················· 25

君子喻于义，小人喻于利 ·················· 27

以直报怨，以德报德 ·················· 30

## 第二课　生活智慧：领略人生的意义与真谛

孔子曰："未知生，焉知死？"意思就是说："没有了解生的道理，怎么会了解死呢？"孔子希望他的学生们能够好好地活着，只有当他们明白了为何而生，就不难觉悟到为何而死了。

其实，当我们翻看《论语》，仔细品读，就会发现，在《论语》当中，"生"字出现了16次，而"死"字则出现了38次，仅仅是从数量上的对比，就让我们感受到孔子的期望：好好珍惜生命，快乐享受生活。

子之燕居，申申如也，夭夭如也 ·················· 34

人无远虑，必有近忧 ·················· 36

不念旧恶，怨是用希 ·················· 39

不义而富且贵，于我如浮云 ·················· 42

逝者如斯夫！不舍昼夜 ·················· 45

子钓而不纲，弋不射宿 ·················· 48

未知生，焉知死 ·················· 51

不怨天，不尤人 ·················· 53

人不堪其忧，回也不改其乐 ·················· 56

及其老也，血气既衰，戒之在得 ·················· 58

## 第三课　与人交往：择其善者而从之，其不善者而改之

人们常说"在家靠父母，出门靠朋友"。一个人行走在复杂的社会中难免会需要别人的帮助。其实朋友就好像是一本书，通过他就可以打开整个世界。但是朋友也有好坏之分。

益友能够在你困难的时候及时为你提供帮助，向你伸出援助之手。而损友却会给你带来更多的麻烦，让你陷入歧途，无法自拔。而如何才能够在与人交往中找到益友，远离损友，这就需要我们懂得与人相处的智慧。

益者三友，损者三友 …………………………… 62

无友不如己者 …………………………………… 65

朋友切切偲偲 …………………………………… 68

君子易事而难说也 ……………………………… 70

君子有诸己，而后求诸人 ……………………… 73

君子怀德，小人怀土 …………………………… 76

忠告而善导之，不可则止 ……………………… 79

晏平仲善与人交，久而敬之 …………………… 82

礼之用，和为贵 ………………………………… 85

里仁为美，择不处仁，焉得知 ………………… 88

## 第四课　管理之道：以德服人治天下

　　管理之道，难于上青天，一个管理者需要处理好几个方面的关系：与上级的关系、与下级的关系、与同事的关系。如何配合自己的上司，如何管理自己的下属，如何应对同事之间的关系。

　　我们看孔子的一生，虽然他的仕途并不是一帆风顺，但是这并不意味着他不懂得管理的学问，相反，孔子的许多管理学问都是值得后人不断学习和借鉴的。

视其所以，观其所由，察其所安 …………………… 92

何如斯可以从政矣 …………………………………… 94

子帅以正，孰敢不正 ………………………………… 97

名不正，则言不顺，言不顺，则事不成 …………… 100

三军可夺帅也，匹夫不可夺志也 …………………… 102

为政以德，譬如北辰 ………………………………… 105

君君，臣臣，父父，子子 …………………………… 108

## 第五课　经营之道：取之有道，用之有度

现如今，我们把孔子的学说应用在经商上，应用在对待金钱的态度上，从中悟出一些大智慧、大道理，并且用这些大智慧、大道理来指导我们自身，也许，我们在金钱面前会更加坦然与磊落。

人而无信，不知其可也 …………………………… 112

譬如为山，未成一篑 ……………………………… 115

君子多乎哉？不多也 ……………………………… 117

过犹不及 …………………………………………… 121

回也其庶乎，屡空 ………………………………… 125

邦有道，谷；邦无道，谷，耻也 ……………… 128

君子无所争，必也射乎 …………………………… 131

富与贵，是人之所欲也 …………………………… 134

旧令尹之政，必以告新令尹 ……………………… 136

君子疾没世而名不称焉 …………………………… 138

## 第六课　治学方法：快乐、严谨两不误

孔子曰："学而时习之，不亦说乎。"又说，"其为人也，发愤忘食，乐以忘忧，不知老之将至云尔。"又说，"饭疏食饮水，曲肱而枕之，乐亦在其中矣。"可见孔老夫子对学习是多么的热爱。而且孔老夫子还告诫后人，学习是一件非常愉快的事情，因为在孔子眼中，快乐学习和乐于实践，这才是走向成功最重要的资本。

不在其位，不谋其政……………………………………… 142

知之为知之，不知为不知，是知也…………………… 144

学而不思则罔，思而不学则殆………………………… 147

以思，无益，不如学也………………………………… 150

吾有知乎哉？无知也…………………………………… 153

求也退，故进之；由也兼人，故退之………………… 155

有教无类………………………………………………… 157

士志于道，而耻恶衣恶食者，未足与议也…………… 159

第七课　　情感智慧：抓紧人性的根本

　　阅读《论语》，我们会发现孔子言谈范围甚广，但是其核心却只是一个字"仁"，而"仁"主要体现在：孝、悌、忠、信、礼、义、廉、耻。但是给我们留下深刻印象的就是"孝"。孔子的学生有子说："孝弟也者，其为人之本与。"所以说在孔老夫子眼中，孝顺父母，敬爱兄长，是实行仁德的根本。

事父母几谏，见志不从 …………………………………………… 164

父母之年，不可不知也 …………………………………………… 166

今之孝者，是谓能养 ……………………………………………… 169

父母唯其疾之忧 …………………………………………………… 172

有酒食，先生馔，曾是以为孝乎 ………………………………… 174

爱之，能勿劳乎 …………………………………………………… 177

朋友之馈，虽车马，非祭肉不拜 ………………………………… 179

后生可畏，焉知来者之不如今也 ………………………………… 182

## 第八课　做事艺术：中正之道与灵活应变

俗话说，"害人之心不可有，防人之心不可无"、"明枪易躲，暗箭难防"。一个人要想在复杂的社会舞台上立足，就要学会一些本领和技巧。

所以，做人要懂道理、明事理。能够从外界不断地吸收经验，总结教训，洞察万事万物的内在规律，这才是大学问。

日月逝矣，岁不我与 ……………………………………………… 186

宁武子邦有道则知，邦无道则愚 ………………………………… 188

非敢后也，马不进也 ……………………………………………… 191

人贵有自知之明 …………………………………………………… 193

中庸之道为德也，其至矣乎 ……………………………………… 195

季文子三思而后行 ………………………………………………… 197

无欲速，无见小利 ………………………………………………… 199

君子求诸己，小人求诸人 ………………………………………… 201

君子欲讷于言而敏于行 …………………………………………… 204

苗而不秀者有矣夫 ………………………………………………… 206

如不可求，从吾所好 ……………………………………………… 209

君子之于天下也，无适也，无莫也，义之与比 ……………… 212

## 第九课　成就人生：深谋远虑事自成

天才并不是从来就有的，但是天才也不是与自己没有缘分。只要有付出，就会有回报。我们可以把成功看成是播种，只有在春天通过努力播种，夏天辛勤地浇灌，到了秋天才能够赢得丰收的果实。

懒惰和好逸恶劳都是成就大事的最大障碍，它们能够让一个人的心灵之地荒芜，让一个人与机遇、成功失之交臂。而要想成就我们的人生，唯有不断努力、积极进取，才能够早日到达成功的彼岸。

知之者不如好之者，好之者不如乐之者 …………………… 216

放于利而行，多怨 …………………………………………… 219

往昔不可谏，来者犹可追 …………………………………… 222

过则勿惮改 …………………………………………………… 225

小不忍则乱大谋 ……………………………………………… 227

凡事豫则立，不豫则废 ……………………………………… 230

必也临事而惧，好谋而成者也 ……………………………… 234

毋意，毋必，毋固，毋我 …………………………………… 237

必使反之，而后和之 ………………………………………… 240

敏于事而慎于言 ……………………………………………… 242

不患人之不己知，患不知人也 ……………………………… 244

## 第十课 驰骋人生：扮演好自己的角色

一个人要使自己的聪明和才干得到发挥，就必须学习与人相处的艺术。一个自恃才高、恃才傲物、不懂得与别人合作的人，是很难使自己的才能得到应有的发挥的。

在内坚持自我，积蓄力量；在外与人为善、坦诚相待，这才是做人做事的不二法门。

求也艺，于从政乎何有 ················· 248

饭疏食，没齿无怨言 ················· 251

君使臣以礼，臣事君以忠 ················· 253

居上不宽，为礼不敬 ················· 256

是可忍也，孰不可忍也 ················· 259

既来之，则安之 ················· 261

见贤思齐焉，见不贤而内自省也 ················· 263

君子成人之美，不成人之恶 ················· 265

回也，非助我者也 ················· 268

先之劳之 ················· 271

# 第一课　修身养性：
## 感悟做人的品格与心态

　　生活对于我们每一个人来说，都应该是一次快乐的旅行。尽管我们每个人在一生当中会经历各种痛苦、折磨、悲伤和失望，但是快乐的生活是源自我们内心的，来自于我们的修养、我们的经营，来自于我们不断从内心增进的自我意识，让我们能够以一种辽阔、高远的视角来看待一切，达到一种精神自由的境界。

# 德不孤， 必有邻

**【解意】**

**孔子说："有道德的人是不会孤独无助的，一定会有志同道合的人和他相伴。"**

三国时期的蜀国，在诸葛亮死后，由蒋琬主持朝政。蒋琬竭力维护和遵循诸葛亮的旧制，使蜀国变得安全而强盛。

当时蒋琬属下有一个官吏叫杨戏，此人性情孤僻，沉默寡言。有一天，蒋琬来了，众僚属都纷纷站起肃立，只有杨戏和平时一样，伏在案上看材料。蒋琬看见他工作如此认真，便上前和他说话，但是没有想到杨戏对蒋琬的话不置可否，几乎爱答不理。

时间长了，有些同僚就对杨戏这种目无长上的作风非常看不惯，可是蒋琬却不以为然，他对这些对杨戏看不惯的人说道："我们每个人都有自己的个性，杨戏他虽然没有回答我的问题，但是总比说违心的话要好。杨戏不回答我的问题，也有可能有他自己的为难之处，如果表示赞同我的话，他心里却不同意；如果公开表示不赞同，但是他又考虑到了我的尊严，所以才只好选择沉默不语。这其实是杨戏爽快的地方，我们不能责怪他。"

当时还有一个督农官叫杨敏，他喜欢背后议论人。有一天，杨敏与同僚们议论起蒋琬来，其他人都一味地说蒋琬好，有的甚至把蒋琬与诸葛亮相提并论，杨敏听后非常不服气，他说："新相有德有才，但是哪能与前相比？我看新相做的某些事情是有些糊涂的，实在不及已故的诸葛丞相啊。"

结果有人把杨敏的这番话告诉给了蒋琬，并且建议惩治杨敏的罪。可是蒋琬却说："他说得没错啊，我确实不如诸葛丞相。"

后来，杨敏因为其他的事情被捕入狱。人们又开始纷纷议论："杨敏前段时间得罪了丞相，现在又犯下了罪，看来这一次肯定是活不成了。"然而蒋琬在处理杨敏一案的时候，毫无偏颇，秉公而断，最后让杨敏受到了公正的惩罚，免于死罪。

其实，蒋琬是非常看重道义的，器量宽宏，所以才受到了蜀国人民的称赞，他所推行的政策也一直得到人们的拥护，不仅成就了国家，最后也成就了自我。

### 【释用】

人的核心竞争力是什么？我们认为，道德、健康和知识这三方面既是人的核心竞争力，也是人的"可持续发展"的必备条件，而道德又是位居于人的核心竞争力之首。

道德，是一个人的行为准则，它决定了人生的方向，如果方向一错，那么全盘皆误。而一个人只要把自己的人生方向掌握准了，那么就等于他自己走的人生道路是正确的，而路走对了，想不成功都难。

我们之所以一直以来都在提倡要做有德之人，其实也有功利方面的考虑，所谓"德者，得也"，"德"就是有所收获或者是行有所得。

而古人说"外得于人，内得于己"，这又引申出了因为有所得而感激别人或者是被别人感激。古人所说的"有德之人"，其实就是指能依据自己的本性，让自己有所收获，进而使别人也有所收获的人，我们就是要做这样的人。

## 【小语】

德性是具有磁性的，久而久之，一个有德之人，在他的周围就会聚足人气，而且是芳名远播，形成一种不仅无形，又无价的个人品牌，这就是成功的最大助力。

有德之人在奉行德义的时候总是出于良心和义务的需要，是他们的思想和人格修炼达到一定境界的一种自然举动，而不是一些人所谓的工于心计，刻意为之。

但是我们也不得不承认，如果从经济和商业的角度来看，讲道德其实也是一种长远的投资和发展，能让你得到更大、更多的回报。

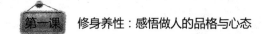

# 己所不欲，勿施于人

子贡问曰："有一言而可以终身行之者乎？"子曰："其恕乎！己所不欲，勿施于人。"

　　　　　　　　　　　　　　　　——《论语·卫灵公》

**【解意】**

**子贡问道："有一句话可以用来终身奉行的吗？"孔子说："大概只有'宽恕'了吧！自己所不想要的，也就不要强加给别人。"**

战国时候，梁国与楚国交界，两国在边境上都设置了界亭，亭卒们也都在各自的地界里面种上了西瓜。梁亭的亭卒非常勤劳，锄草浇水，瓜秧长得非常好，可是楚亭的亭卒却由于懒惰，对瓜田很少过问，瓜秧又瘦又弱，与对面瓜田的长势简直是没有办法相比。

可是楚人又死要面子，在一个无月之夜，楚人偷跑过去把梁亭的瓜秧全部都给扯断了。结果梁亭的人在第二天发现之后，非常气愤，报告给了县令宋就，说我们也过去把他们的瓜秧扯断好了。

县令宋就听完以后，对梁亭的人说："楚亭的人这样做当然是非常卑鄙的行为，可是我们明明不希望他们扯断我们的瓜秧，那么我们为什么还要再反过去扯断人家的瓜秧？别人不对，我们如果就跟着学，那这样做就太狭隘了。你们听我的话，从今天开始，每天晚上去给他们的瓜秧浇水，让他们的瓜秧也长得好好的，你们一定要记住，你们这样做，千万不可以让他们知道。"

梁亭的人听完了县令宋就的话，觉得还是有道理的，于是就照办了。结果，楚亭的人发现自己的瓜秧长势一天比一天好，仔细观察之后发现每天早上瓜田都已经被人浇过了，而且是梁亭的人在黑夜里悄悄为他们浇的。

楚国的边县县令听到亭卒们的报告之后，感觉相当惭愧，但是又顿生敬佩之心，于是把这件事情报告给了楚王。楚王听说之后，也感恩于梁国人修睦边邻的诚心，特备重礼送给梁王，既表示自责，也表示酬谢，结果这一对敌国从此成为了友邻。

### 【释用】

"己所不欲，勿施于人"的"恕道"，孔子把这一作为终身奉行的座右铭推荐给了自己的高材生子贡。现在，人们遇事常说"将心比心"，有的时候也说"人心都是肉长的"，这实际上就是在推行"己所不欲，勿施于人"的恕道。

可是问题在于，世道人心，每每是反其道而行之。一般人恰好是把自己不想做的事情推脱给别人去做；而自己不想要的东西就巴不得能够卖给别人。可是反过来，自己想做的事情、自己喜爱的东西，就不那么愿意与别人分享了。而"己所欲，悭施于人"之所以会出现，其根本原因在于很多时候都很少为他人着想，而是只为自己着想，说到底还是一个"私"字在作怪。

### 【小语】

实际告诉我们，"己所不欲，勿施于人"这是一个基本的态度，更是一个普遍的价值观。我们谁也不喜欢被别人利用，特别是自己的朋友，所以，我们也不要去利用朋友；我们都非常讨厌别人说谎，那么我们自己也不要说谎；我们不喜欢别人批评我们，那么我们也不要随便批评人家；我们不喜欢朋友看轻我们，那么我们也不要看不起朋友……

可是，在这样一个普遍价值观形成之后，还是有许许多多的细节成为了人与人之间产生摩擦的真正原因。"己所不欲，勿施于人"以仁恕之道推及他人，与人方便，自己才方便，也可以让每个人有一个宽广的胸怀，能够容忍别人的过失。同时，也让我们每个人可以不因为别人的合理指责而迁怒于别人，从而达到人际关系的和谐。

所以说，坚持"己所不欲，勿施于人"，才能够与人和睦相处，才不至于在不合适的时间、不合适的场合，出现一些不必要的误会。用心地对待每个人，用心去了解每位朋友的想法和爱好，这样就能够避免犯错，赢得真诚友谊。

# 成人之美，不成人之恶

子曰："君子成人之美，不成人之恶。小人反是。"

——《论语·颜渊》

## 【解意】

孔子说："君子成全人家的好事，不帮助别人做坏事，小人相反。"

有一天，城镇里面的老百姓都聚集在一个悬崖边上，他们准备架一座独木桥到对岸的悬崖上。由于在两个悬崖之间是一道非常深，而且水流很急的河沟，所以大家运来了一根根又大又坚固的梁木。

大家先用非常粗的绳子捆住了梁木的两端，然后拉着一端的绳索，把梁木放到河沟里面去，接着需要让一部分人攀着岩石，顺着悬崖爬到河沟下面，这样好涉水渡过河沟，再爬上对面的悬崖，然后两边的人同时开始拉绳子，再把梁木拉上去，这样就可以把独木桥架好了。

可是，由于那条河沟里面的水流实在是太急了。好几个准备涉水过去的人都被水给冲走了，而且有三个人还在慌乱中失去了宝贵的生命。当时很多人看见这个状况，都退缩了回来，再也不敢向前去了，而眼看大家辛辛苦苦运来的梁木马上就要被水冲走了。大家心想：看来这座独木桥一时半会儿是搭建不起来了。

可是就在这个时候，大家却发现有一个人正在水流湍急的河沟中挣扎，他拉住了梁木，最后终于渡过了河，攀爬到对岸的悬崖上面，拉起了梁木，就这样独木桥架起来了。

由于这个人的功劳特别大，城镇的老百姓把他视为英雄。大家为了感激他，都拿出了大坛的酒和大块的肉来感谢他，而且还叫石匠把他的名字刻在河沟旁边的石壁上面。其实大家这么做都是真心实意地在感谢他。

可是随着日子一天天的过去，没想到这个人竟然因此而变得骄傲起来，开始以城镇镇长自居了，在城镇里面开始横行霸道起来。

刚开始的时候大家想到他当初冒着生命危险为城镇架桥，都还能够容忍他，但是有一天他居然当着大家的面宣布："如果没有我，你们连一座独木桥都架不起来。现在你们看着，我就要把独木桥拆掉，丢进河里了，我看你们怎么办？"大家还以为他是因为生气在说气话，可是没有想到的是，他却真的提起独木桥，"轰隆隆"，他把独木桥扔进了水

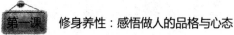

流湍急的河沟中。

这个时候老百姓们再也无法忍受了，他们一起跑了过去，也把他扔进了水流湍急的河沟中，而且就在当天，大家就把上面雕刻着他名字的石壁也给毁掉了，结果没过几天大家又重新建起了一座新的独木桥。

## 【释用】

成人之美的确是一种高尚的品德，它需要我们有宽广的心胸，助人为乐的精神。若是抱着患得患失，做什么事情都要算计自己能够得到多少好处的想法，那是很难做到成人之美的。

当然，这里面还存在两种不同的情况，一种情况是，自己好也成全别人好，自己富也成全别人富，自己能做什么也成全别人能做什么，可谓是有钱大家赚，有快乐大家分享。

而另一种情况则是自己活得并不好，也许现在是一贫如洗、两袖清风，但是还能够成全别人好，成全别人发财，如果能够做到这一点就太不容易了，这不是一般人所能做得到的。

## 【小语】

为别人做好事，别人当然会感谢你，但是如果你因为自己帮助了别人而轻视别人，甚至想凌驾于别人之上，那么最后摔跤的还是你自己。

其实有的时候，我们为别人付出自己的努力，不要心里总想着回报，我们应该随时以一种无私奉献的精神来谦虚地对待别人，只有这样我们才会得到别人永久的爱戴与尊敬。

# 奢则不孙， 俭则固

## 【解意】

孔子说："奢侈了就会越礼，节俭了就会寒酸。与其越礼，宁可寒酸。"

从前，有一个人跑去向上帝苦，因为他觉得这个地球住起来让他感到非常的不舒服，他说他想要住在一个有珍珠门的天国。

上帝刚开始的时候指着天上的月亮给他看，问他说："那不就是一个很美的景物吗？"他看了之后摇了摇头。他说他不喜欢看见月亮。接着，上帝指着那些遥远的青山，问他道："这些轮廓不是很美丽吗？"他说这些东西太平凡了，没有什么感觉。后来，上帝指着兰花和三色花的花瓣给他看，叫他用手指去抚摸那些柔润的花瓣，问他说："你没有发现它们的色泽很鲜艳吗？"

"不。"这个人说道。

这时，具有无限耐性的上帝把他带到了一个水族馆里面，指着那些鱼的颜色和形状给他看。可是，那个人对此也不感兴趣。

后来，上帝把他带到了一棵枝繁叶茂的树木下面，这时一阵阵凉风向他吹来，上帝祖问他道："你还不能感受到其中的乐趣吗？"那个人却说道："我觉得这也没有什么意思。"

紧接着，上帝又把他带到了山上的一个湖边，指给他看水里的光辉、石头的宁静和湖泊中的美丽倒影，还让他听大风吹过松林的声音。可是这个人却说，他还是不能够感受到兴奋。

上帝认为眼前这个人可能是他的性情不是很柔和，所以需要一些比较兴奋的景色，所以，上帝又把他带到了喜马拉雅山顶，到了长江三峡，到了那些有钟乳石和石笋的山洞里，到那些正在喷发的火山口，到那些有沙岗和仙人掌的沙漠里，到长白山的雪地，到黄山上的花岗石峰，问他："你看看，上天难道没有尽力把这个地球弄得很漂亮吗？你看看这些景色是多么的壮观和漂亮啊。"可是这个人还是在吵着要求有一个珍珠门的天国，而且还说："这个地球即使这样，给我住起来还是感到非常的不舒服。"

上帝这个时候说道："你真是狂妄不逊、贪心不足啊！这么美丽的地球给你住起来你还感到不舒服。那么非得要我把你送到地狱里面去吗？在那里将看不到浮动的云和开花的树，更不可能听到潺潺的流水，你一辈子都会住在那里，直到你死去。"

这种人其实是很难满足的，即使得到了他想要的那个珍珠门天国，不久之后他也一定会感到厌倦的，到那个时候，他又会感到非常的不开心了。

孔子说的人生修养，"奢则不孙"。而这个"奢侈"不仅仅是说穿得好，打扮得漂亮，家庭条件好，物质享受的奢侈。是一种广义的奢侈，比如喜欢吹牛，做事爱出风头等。如果一个人奢侈惯了、开放惯了，那么就最容易犯"不孙"的毛病，一点不懂得规矩，就是桀骜不驯。

当然"俭则固"这个"俭"也是广义的。不仅仅是用钱的俭省，而是做任何事情都比较保守、慎重、不马虎，脚步站得稳，根基比较稳定。如果用现代的话来说就是脚跟踏实一点。

孔子认为做人与其开放得过分了，还不如保守一点好。保守一点虽然成功的机会不多，但是绝不会出现大败；而开放的人虽然成功的机会多，但是失败的机会也同样多。

不满足的人即使得到他想要的一切，他仍然是不会满足的，总会在自己心中生出更多贪念，自己折磨自己不愉快。一个人想要看到触目动心的美，感受到生命的乐趣，就要放下贪念。怀有一颗知足的心，那就会发现处处都是美景，人人都是佛祖。我们要懂得知足，懂得感恩，懂得去发现美丽和善良，这个才是快乐的真谛。

# 一日三省吾身

子曰："已矣乎！吾未见能见其过而内自讼者也。"

—— 《论语·公冶长》

**【解意】**

**孔子说："完了，我还没有看见过能够看到自己的错误而又能从内心责备自己的人。"**

曾经有一个妇人，她非常容易发脾气，在生活当中经常为了一些小事大发脾气。自己和邻居、朋友的关系都搞得很僵。她也知道自己的脾气不好，可是想改一时又改不了，于是终日闷闷不乐。可是，她越是这样，越是容易生气！她的一位朋友知道后，就建议她去城郊的寺庙里请教一位老和尚，说："这个老和尚是个得道高僧，他也许可以帮你解决这个问题！"

于是妇人就去找到了那位老和尚。老和尚听完了她的苦闷后，就把她带到了一个柴房的门口，说："施主，请进！"妇人很奇怪，但她还是硬着头皮走进了柴房！没有想到这个时候，老和尚居然把门给锁了，转身就走。妇人一看，怒气就不打一处来了："你这个和尚，干吗把我关在里面啊？快放我出去……"和尚笑道："我现在放你出去的话，等会儿你就会更厉害地骂我了！你还是在里面待着吧！"

就这样过了一个时辰，妇人总算是安静下来了，于是老和尚问她还在生气吗？妇人回答说："我生我自己的气，我就不该听我朋友的话来找你，真是自己找罪受。"老和尚听完后说道："连自己都不能原谅的人，怎么能够原谅别人呢？"说完拂袖而去。

又一个时辰过去了，老和尚又来问妇人还生气吗？妇人说："不气了，气也没有办法。""你的气还没有消逝，还压在心里，爆发以后反而会更剧烈。"老和尚说完又离开了。

结果又过了一个时辰，妇人这个时候已经觉得没有必要为这件事情生气了，她对老和尚说："我想明白了，气不就是自己找罪受吗？"老和尚听完后，笑着说："你终于想通了，如果你能够时刻地反省自己，你还会那么生气吗？"

这位妇人终于明白了自我反省的重要性，在与老和尚的接触中，她认真地想了自己的所作所为，彻底地分析了自己，所以最后不再生气了。

### 【释用】

孔子说："吾日三省吾身。"苏格拉底说："没有经过审视和内省的生活不值得过。"可见，一个人能够做到"自省"是难能可贵的，假如一个人能够做到随时反省自己，那么也许他的生活会变得更加有意义。

一个人只有不停地进行自我反省，才能走得更远，才能够在人生的旅途中不至于迷失方向，才能够不断提升自己的人生境界。

俗话说："人贵有自知之明。"经常反省自己的人，可以做到错则改之，对则勉之。我们经常解剖自己，就会发现自身的缺点和过失，能够立刻改正。

其实，我们每一个人就好像是一块天然玉石，需要不断地用刀去雕

琢，把身上的污垢去掉。虽然这一过程显得有些沉痛，但是雕琢后的玉石才能够光彩照人、身价倍增。

**【小语】**

一个人要想获取前进的不竭动力，就必须不断反思自己。无论任何人，都要在做完事情之后，好好反省自己，时刻自我反省，只有这样你才能够把事情做到最好。假如你不能及时反省自己的错误，到头来只会错上加错，走上一条失败的不归路。

可见，当你遇到困难或者是面对无由而来的怒气时，与其抱怨别人，不如多去进行一下自我反省。

# 磨而不磷，涅而不缁

子曰："然，有是言也。不曰坚乎，磨而不磷？不曰白乎，涅而不缁？吾岂匏瓜也哉？焉能系而不食？"

——《论语·阳货》

**【解意】**

孔子说："是的，我有过这样的话。不是说坚硬的东西磨也磨不坏吗？不是说洁白的东西染也染不黑吗？我难道是个味苦不能食的匏瓜吗？我哪能只是挂在那里而不希望有人来采食呢？"

享誉全球的松下幸之助是日本著名的企业家，被称为日本的"经营之神"。而松下幸之助在年轻的时候，家庭条件十分贫困，一家人都需要他来养活。

为了维持一家人的生计，瘦弱矮小的松下幸之助只好到一家电器厂寻找工作。当他走进这家工厂的人事部，向一位负责人说明了自己的来意，而且以请求的态度希望能够给安排一个工作。这位负责人看见松下幸之助又瘦又小，而且衣服肮脏，觉得他不是合适的人选，可是又不好直接拒绝，于是就找了一个理由："我们现在暂时不需要人，你一个月以后再来看看吧。"

在别人看来的托词，却让松下幸之助当真了，一个月以后，松下幸之助又来了，那位负责人只好又推托说过几天再说吧。几天之后，松下幸之助又来了，就这样反复了好几次，这位负责人也有点烦了，于是就直接说出了真正的理由："像你这样脏兮兮的人是进不了我们工厂的。"结果这次回去之后，松下幸之助就借钱买了一身整齐的衣服，穿上之后再次找到这位负责人。

这位负责人一看实在没有办法，便告诉松下幸之助："由于你对于电器方面的知识了解的太少，我们还是不能要你。"

没有想到两个月之后，松下幸之助又来到这家企业，对那位负责人说道："我已经学了不少有关电器方面的知识，你看我哪方面还有差距，我会一项一项来弥补。"

这位负责人盯着松下幸之助看了半天，他已经被松下幸之助的执着所感动了，于是很感慨地说道："我干这一行已经几十年了，像你这样找工作的我还是第一次遇到，我真佩服你的耐心和韧性。"最终那位负责人答应让松下幸之助进工厂工作。

【释用】

一个人想要获得成功，就不要过多地去考虑失败，在成功者的眼中是没有不可能、放弃、没办法、办不到、失败、行不通、没希望、退缩等这类愚蠢的字眼的。

只要有一丝的希望，只要你想成功，就要坚持到底。因为成功的秘诀是：坚持不懈，永不放弃，终会成功！

在这个世界上没有办不成的事情，关键在于你想不想把事情办成，有没有那种永不放弃的精神。其实，这种精神就好像是登山，如果你爬到半路上，觉得太苦太累，就不想再爬了，那么你的意志也会被瓦解掉，结果必然是你永远也看不到山顶的美好景色。

反之，如果你能够坚持下来，不轻易放弃，那么虽然这个过程很辛苦，但是付出必有回报，等你爬上山顶之后，你将看到锦绣山河，这是多么美丽的景色。

【小语】

当你在失败面前失去进取心的时候，当你被生活的重担压得无法喘气的时候，当困难绊住你成功脚步的时候，你都不要退缩、不要放弃，一定要坚持下去，因为只有坚持不懈、永不放弃，才能通向成功。

在成功的道路上，不轻言放弃是成功最根本的保证，而永不放弃更是坚定的信念和执着的追求；永不放弃就代表你获得了勇气；代表你懂得做人，拥有了不放弃的心态。其实，我们人人都应该懂得这个道理，学会永不放弃，永不言败，坚持到底。

# 见利思义， 见危授命

**【解意】**

在私利面前能够想到道义，遇到危难能够挺身而出，虽然长期生活在贫困之中，也没有忘记平生的诺言，这样就可以说是一个十全十美的人了。

在唐朝时，有一个叫宋之问的诗人，他很有才华，名气也很大，他有一个外甥叫刘希夷，也是一个年轻有为的诗人。有一天，刘希夷刚刚写了一首诗，叫作《代白头吟》，就到舅舅家里去请教。宋之问看到"古人无复洛阳东，今人还对落花风。年年岁岁花相似，岁岁年年人不同"这几句诗的时候不禁拍手叫绝。于是宋之问赶紧问外甥："这首诗别人看过没有？"外甥说："还没有来得及让别人看。"宋之问听后心中大喜，对外甥说："诗中的'年年岁岁花相似，岁岁年年人不同'这两句太好了，不如让给舅舅吧。"可是外甥刘希夷却说："这二句诗是我这首诗的诗眼，如果让给您，这首诗读起来就没有什么意思了。"

到了晚上，宋之问还是对这两句诗念念不忘，为此他躺在床上怎么

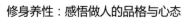 

也睡不着觉，翻来覆去。他在心里盘算着，只要这首诗一面世，这两句必定成为千古名句，写这首诗的外甥也将立刻名扬天下，我一定要想办法把这首诗占为己有。于是一个罪恶的想法在宋之问头脑中慢慢酝酿，最后宋之问竟让他手下的人把刘希夷给害死了。

但是最后宋之问还是没能瞒天过海，他被朝廷定罪，流放到了钦州。当皇帝知道他的事情后，又把他赐死，好让他对天底下的读书人有一个交代。

宋之问本来也是一个有名的诗人，可是他竟然为了自己的那点虚荣心把外甥给害死了，自己最后也落得个身败名裂的下场。

**【释用】**

现实生活中的人们，能够心甘情愿地放弃名利的人不多，甚至有很多人把名利看得比生命还要重要。一旦自己的身份或者地位达不到自己心目中的理想状态，就会陷入一种极度苦闷的状态中，这些无穷无尽的名利心让他们变得疯狂。有一个清静与悠然的生活状态不是更好吗？这样的日子不是更有诗意吗？我们的人生毕竟是很短暂的，我们的生命中承载不了太多的物欲和虚荣。在这个世界中，坚信"人为财死，鸟为食亡"的人很多，也有很多人为了名利而变得疯狂。

**【小语】**

其实我们的生活本来就是很平淡的，平平淡淡地做自己的事情，平平淡淡地对待一切，哪一个成功的人士在最初不是平淡地度过自己的生活？他们最后的成功也仅仅是平淡生活所取得的成果而已，他们的成功就是来自这平淡的生活。

# 不患莫己知， 求为可知也

子曰："不患无位，患所以立。不患莫己知，求为可知也。"

——《论语·里仁》

**【解意】**

孔子说："不发愁没有职位，只发愁没有立足于这个职位的能力；不怕没有人知道自己，只求自己成为有真才实学、值得为人们知道的人。"

三国晚期，在吴国太湖西南岸地区，有民间最痛恨的"三害"。所谓三害，一是指虎，当地有猛虎伤害人畜；二是指蛟，蛟潜藏在河中，时常翻船伤人；第三个就是指无赖少年周处了。乡里人将周处与虎、蛟并列为三害，可知人们对周处的痛恨程度了。

周处年轻时凶暴强悍，好争斗，父亲在外地做官，母亲早死，所以他无人管教，毫无教养。加上是太守之子，横行乡里。他年纪虽小，力气却很大，有一身好武艺。平时在街头巷尾，他总寻衅闹事，打架骂人。人们把他列为三害之一，而他自己却不知道。有一天，周处见桥头坐着一个老人，愁眉苦脸的，就上前挑衅说："你这个老头，有什么不高兴的？"老人说："这里的三害未除，我为大众担忧。"周处忙问：

·20·

"哪三害？"老人回答说："南山中白额猛虎，经常下山来吃人；长桥下五爪恶蛟，常常掀翻来往的船只；这第三害等你把这两害除了再告诉你。"说完，老人扬长而去。

周处听后不以为然地说："若说虎、蛟是害，我立即就去杀死它们！"于是周处进入南山中，用强弓利箭射杀了猛虎。然后，他又手执宝剑下河，与恶蛟搏斗了三天三夜，在河中漂流了九十里，与蛟一起沉入水中。大家兴高采烈地在庆祝，以为"三害"都除了。三天后，周处杀死恶蛟归来，看到一片喜庆的场面，才知道家乡人民都盼望他早些死去。这才明白第三害是自己，没想到家乡人这么痛恨自己，于是决心痛改前非。

周处长途跋涉去找大学问家陆云求教。他对陆云说："我过去品德极差，现在决心发愤改过，又担心自己年龄将近20岁了，悔悟改过，不知是否还来得及？"陆云教导他说："一个人早晨懂得了做人的道理，即使到晚上死去了，这样的人也不枉活一生。你还很年轻，立志改过当然来得及。"此后，周处痛改前非，勤学好问，立志成大业。不久，他就被推荐到州府去干事。后来还担任过太守、御史中丞等官。他为官清廉、敢于与邪恶势力作斗争，赢得了人们的好评。

## 【释用】

春秋时期，孔子的学生曾参勤奋好学，深得孔子的喜爱，同学问他为什么进步那么快。曾参说："我每天都要多次问自己：替别人办事是否尽力？与朋友交往有没有不诚实的地方？先生教的学问是否学好？如果发现做得不妥就立即改正。"人贵自省，自省而知耻，知耻而后改，知错能改善莫大焉。

周处之前虽然被人们所痛恨，但是他懂得反省，知道是自己的问题便立即去改正。这是很难得的。一个人最难做到的就是客观公正地认识自己，不留情面地解剖自己，敢于面对自己的缺点和不足。周处痛改前非，不仅一改之前作恶的坏习惯，还成为了一名敢于同恶势力作斗争的好官，赢得了人们的好评。

【小语】

人非圣贤，孰能无过？就算是圣贤之人他也会犯错误。世界上没有谁是绝对完美的，也没有谁是不会犯错的，每个人都会犯错，但未必能知错就改。犯了错但不改正就造成了人与人之间的交往障碍。在实际生活中不乏这样的例子，因为每个人都坚持自己是正确的，不愿承认自己不如别人，这样难免就会留下不满和争执，影响人与人之间的情感交流，所以人贵在自省、知错能改。

# 人不知， 而不愠， 不亦君子乎

子曰："学而时习之，不亦说乎？有朋自远方来，不亦乐乎？人不知，而不愠，不亦君子乎？"

——《论语·学而》

【解意】

孔子说："学了又时常温习和练习，不是很愉快吗？有志同道合的人从远方来，不是很令人高兴的吗？人家不了解我，我也不怨恨、恼怒，不也是一个有德的君子吗？"

有一天，有一位禅师正准备开门出去的时候，被突然闯进来的一位身材魁梧的大汉狠狠地撞倒了，当时把他的眼镜撞碎了，而且还撞肿了他的眼睛。可是那位撞人的大汉，居然是毫无羞愧之色，还理直气壮地对禅师说："你长没长眼睛啊！戴个眼镜有什么用啊，谁叫你戴着眼镜的？"禅师听了大汉的话之后笑了笑并没有说什么。大汉当时感到非常的奇怪，继续说道："和尚，你怎么不生气呢？"

禅师看见大汉已经有一点悔意，便借机开示说道："我为什么一定要生气呢？又要去生什么气呢？我即使生气了，既不能使眼镜复原，又不能让眼睛的瘀青消失，更不能解除痛苦。再说了，我要是生气的话只会扩大事端，如果我对你破口大骂或者和你大打出手，这样必然会造成更多的恶缘，肯定是不能把事情化解的。生气不是解决问题的根本方法，如果我们能早一分钟或者是晚一分钟开门，这样就能够避免相撞。或许被你这么一撞就能够化解了一段恶缘，所以我还是会感谢你帮我消除了业障呢，我又怎么会生气呢？"

当大汉听完了禅师的话，十分的感动，他于是立即向禅师进行忏悔，而且还问了许多问题，然后就有所感悟地离开了。

本以为这件事情就这样过去了，可是有一天，禅师突然接到了一封感谢信，正是那个大汉寄来的。

原来这位大汉在年轻的时候不知道努力，不知道勤奋学习，等他毕业以后，在自己的事业上也是高不成低不就，而等到他结婚以后，也不能很好地对待自己的妻子，夫妻两人的感情非常不好，为此他自己也感到十分的苦恼。

有一天，他上班由于走得匆忙忘记了拿公文包，于是中途又返回到家中，却发现自己的妻子正与一名男子在家里有说有笑的，于是他发了疯一样冲进厨房，拿起了一把菜刀，想先把他们杀了，然后自己再自杀，从而来个了断。

但是因为大汉当时惊慌、害怕，戴着的眼镜在他回头的时候不小心给掉了下来。于是就在这一瞬间，他想起了禅师的教诲，使自己能够冷静下来，反思自己的过错，当时就决定要痛改前非。

　　当大汉改过自新以后，他的生活非常幸福，工作也做的是得心应手。于是特意寄来了感谢信，感谢禅师以前对他的教诲和恩情，正是因为禅师的宽容，才能够有他的今天。

### 【释用】

　　自己做了好事，有了正确的主张，这明明是一件对他人、对社会有益的事情，可是大家却不理解、不赞成、不支持、不褒扬，甚至在有的时候还会招致一些误会、曲解甚至诽谤、攻击。

　　如果在这种情况下，一个人能够做到不生气、不抱怨、不恼怒、不颓废、不放弃，继续行善积德，探求真理，丝毫不在意自身的毁誉。这样的修养、德行，当然符合君子的品行。

　　当然，当我们自己不被别人理解的时候，可能问题就出在了沟通不够。为此我们应该要主动多沟通、多交流，必要的话还要注意方法恰当。不被理解的时候，或许需要做些解释、疏通的工作，有时则需要耐心地等待，时间会证明一切。

### 【小语】

　　世间，没有什么歧途不可以回头，没有什么错误不可以改正。所以面对别人的错误，宽容比惩罚更有力量，宽容是对生命的洞悉，宽容能够让我们认清彼此，远离是非和仇恨，珍惜生命，因为宽容就是爱，而爱则是人类之本性。

# 丘也幸，苟有过，人必知之

子曰："丘也幸，苟有过，人必知之。"

——《论语·述而》

## 【解意】

**孔子说："我真幸运，如果有错，人家一定会知道。"**

曾经有一家公司的老板总是感叹纠正别人的错误太困难，特别是自己的下属出现了问题，自己去批评一下，甚至是提醒一下，下属要么置之不理，要么和你来个鱼死网破。

为什么会这样呢？原来这位老板在批评下属的时候总是要把错误完完全全地指出来，之后再进行严厉的批评。这看起来是没有错的，但是往往会让受批评的人产生逆反甚至是对抗的心理。

到了后来，这位老板终于发现通过强调他们如何把工作做得更好，如何把错误改正过来，效果要好很多。

除此之外，一些优秀的教练在纠正运动员所犯错误的时候，从来不会说："不对，你做的不对。"而我们总是会听到："你的动作做得已经不错了，如果你再……那么会更加完美的。"

原来，教练在批评运动员之前先是肯定他，之后再帮助他改正。这样一来就先满足了他的自尊心，然后教练再提出要求改进的话，那么运动员就会更加容易接受。

可是如果教练一开始就单纯地指出错误，进行批评的话，只会引起运动员的反感，或者是给他们造成很大的压力。

**【释用】**

批评是一门很大的学问，真正的批评是能够让犯错误的人心悦诚服地接受你的批评，这样你不仅达到了批评的目的，也不会伤害到他的自尊心。

其实，批评的目的就是为了让犯错误的人能够认识到自己的错误，从而及时改正。就批评本身来说只是一种手段，而不是最终的目的，如果我们在批评别人的时候不知道这一点，为了提意见而提意见，为了批评而批评，那么效果肯定会适得其反。

人的面子是非常重要的，所以我们批评别人的时候最好不要直白地指出缺点，而是强调如果纠正问题可能会更好。

**【小语】**

点破不说破，有的时候需要我们使用一些手段，能够给对方一些暗示或者是适当的鼓励。当然，点破别人的错误不能用太长的话语，应该力求做到话语简短，最好一两句话就能够让对方明白自己的意思，然后就自然而然地把话题转移到别的地方。我们切记不要怕对方不明白你的意思，从而反复地提对方的错误，这样容易造成你故意抓住他错误不放的误会，让别人产生抵触的情绪。

每个人都会犯错误，而我们想在批评别人的时候把话说得滴水不漏，就一定要使用一些语言技巧，而且更为重要的是要抱有一颗同情心，能够真切地去理解对方犯错误之后的心情，只有当对方发现你是站在他的角度上来批评他的时候，他才会更容易接受你的批评，并且对你心存感激。

# 君子喻于义，小人喻于利

子曰："君子喻于义，小人喻于利。"

——《论语·里仁》

## 【解意】

**孔子说："君子看重的是道义，小人看重的是利益。"**

战国时期，魏、齐、楚、燕、韩、赵、秦最为强大，称为"七雄并立"。秦以强大的实力作为基础，攻占了巴蜀和三晋的许多地方，称雄于西方。于是东方六国建立了"合纵"同盟，即"合众弱以攻一强"，共同来对付秦国。

其中齐国是东方的一个强国，楚国则是虎视于南方，齐楚联盟的形成，成为了大秦国的心腹大患。

于是秦国千方百计想瓦解东方六国的合纵同盟，采取联合东方弱国对付其他弱国的"连横"战略，从而达到各个击破六国的计划。秦国派遣张仪，拉拢魏国脱离了合纵，然后又离间了齐、楚两大国，最后让六国的"合纵"化为乌有。

公元前 313 年，张仪带着厚礼来到了楚国，楚怀王见财眼开，热情接待了张仪。张仪花言巧语欺骗楚怀王说："大王如果能够与齐国绝交，秦国愿意献给大王六百里地。这样一来，秦楚两国结为盟好，长期成为了兄弟，也可以削弱北方的齐国，可以说对于秦国、楚国都是有利的，再没有比这更好的办法了。"

楚怀王听完之后，满心高兴，欣然答应了。但是，当时的大夫陈轸劝谏道："秦国尊重楚国，是因为楚齐结盟的缘故。如果秦国答应给我们的土地还没有到手，咱们就和齐国绝交的话，那么楚国一孤立，秦国就会轻视楚国。如果先要秦割地再与齐绝交，那么秦国也未必肯答应。"

"先绝交再割地，又怕秦不守信，欺骗了我们。而大王您被骗，肯定会怨恨秦国，秦、齐都成了楚的敌人，两国的军队都来攻楚，这是非常危险的。而为今之计，最好是表面同齐绝交，派人随张仪到秦国接收土地，等土地到了手，再与齐国真正绝交。这样，即使土地没有到手，楚国也不会有什么损失，也不会得罪齐国。"

很显然，陈轸的主张真是一个万全之策，但是楚怀王却为张仪的话所迷惑，一心想要得六百里地，根本听不进去陈轸的话，最后楚怀王一面派人随张仪去接收土地，另一面又派人去齐国宣布与之绝交。

当楚国的使者随着张仪来到秦国，张仪装酒醉从车上摔下受了重伤，一连三个月在家闭门不上朝。

楚怀王听说这件事情之后，以为是张仪怀疑他还没有和齐国完全决裂，于是就派勇士到齐国去，当面把齐宣王辱骂一通，齐宣王非常生气。而就在这个时候，秦王刚好又派人前来拉拢齐国，齐宣王正在恨楚国人无信义，于是就同秦国言和。

直到秦齐联盟正式建立后，张仪才出面对逗留了三个月的楚使者说："我自己有封地六里，愿意献给你们大王。"楚使者说："我是奉大王之命来接收六百里地的，没听说过是六里地这种说法。"

后来，楚怀王听了使者的回报，大骂张仪，气冲冲地要兴兵伐秦。但是陈轸却认为不可："为今之计，进攻秦国，还不如索性送一个大都邑给秦，之后和秦一起攻打齐国，把失去的土地从齐国那取得补偿。现在如果出兵攻秦，那么就会让秦齐联合一起对付楚国，楚国肯定会吃大亏的。"

可是楚怀王盛怒之下，没有听从陈轸的劝告，派大将率兵攻打秦国，结果被秦军打得大败，被俘大将七十人，主帅也被杀，士卒更是死亡八万多，大片土地被秦国夺取。

楚怀王还是不服，又倾全国兵力攻秦，在蓝田进行了决战，结果又被打垮，秦国又夺到了楚国两座城池。

从此以后，楚国元气大伤，一蹶不振。东方六国再也没有强国可以与秦国抗衡了，各国仅仅是能够自保，结不成巩固的联盟，而秦国统一大业的阻碍正在一步步减少。

### 【释用】

君子看重义，行事自然以义作为标准。小人看重利，所以行事的时候更容易追逐利益。和君子交往的时候主要应该讲道德、礼义，而在与小人交往的时候就只能讲利益了。

君子是一个道德高尚的人、义人、仁人、善人、诚实人、智慧人、慧心人、谦卑人等。而小人则是品德低劣的人、愚昧人、愚妄人、傲慢人、乖谬人、乖僻人、恶人、罪人以及狡猾、奸诈、伪善的人等。

### 【小语】

在与不同人交往的时候，我们应注意只有根据每个人的不同特点，掌握这个人的内心活动，对什么样的人说什么样的话，这样才能够更好地沟通，才能够在人际交往过程中做到游刃有余。

# 以直报怨， 以德报德

或曰："以德报怨，何如？"子曰："何以报德？以直报怨，以德报德。"

——《论语·宪问》

**【解意】**

有人问："以德报怨，可以吗？"孔子说："如果用恩德回报怨恨，那么用什么回报恩德呢？所以，该用公正回报怨恨，用恩德回报恩德。"

在一个星期五的早晨，摩斯的礼品店依旧开业得非常早。摩斯静静坐在柜台后边，欣赏着礼品店里面各式各样的礼品和鲜花。

忽然，礼品店的门被推开了，走进来了一位年轻人。这位年轻人的脸色显得非常阴沉，眼睛浏览着礼品店里面的礼品和鲜花，最后将视线停留在了一个精致的水晶乌龟上面。

"先生，请问您想购买这件礼品吗？"摩斯亲切地问。但是，年轻人的眼光依旧非常冰冷。"这件礼品多少钱？"年轻人问了一句。"50

元。"摩斯回答道。年轻人听摩斯说完之后，伸手就掏出 50 元钱甩在橱窗上。

摩斯感觉非常奇怪，自从礼品店开业以来，她还从来没有遇到这样豪爽、慷慨的买主呢。

"先生，您想将这个礼品送给谁呢？"摩斯试探性地问了一句。"送给我的新娘，我们明天就要结婚了。"年轻人依旧面色冰冷地回答着。

摩斯心里咯噔一下：什么，为什么要送一只乌龟给自己的新娘，这样岂不是给他们的婚姻安上了一个定时炸弹？

摩斯认真思考了一会儿，对年轻人说道："先生这件礼品一定要好好包装一下，这样才会给你的新娘带来更大的惊喜。可是今天我们这里已经没有包装盒了，请你明天再来取好吗？我一定会利用今天晚上为您赶制一个新的、漂亮的礼品盒……""谢谢你！"年轻人说完就转身离开了。

在第二天清晨，年轻人早早地来到了礼品店，取走了摩斯为他赶制的精致的礼品盒。

后来，年轻人匆匆地来到了结婚礼堂，原来新郎不是他，而是另外一个年轻人！

这位年轻人快步跑到新娘跟前，双手将精致的礼品盒捧给新娘。之后，转身迅速地跑回到了自己的家中，焦急地等待着新娘愤怒与责怪的电话。在等待的过程中，他的泪水扑簌簌地流了下来，有些后悔自己不应该这么做。

傍晚，婚礼刚刚结束的新娘便给他打来了电话："谢谢你，谢谢你送我这样好的礼物，谢谢你终于能够明白一切了，可以原谅我了……"电话的一边新娘高兴而感激地说着。

这个时候年轻人万分疑惑，什么也没说，便挂断了电话。但是，他似乎又明白了什么，于是迅速跑到摩斯的礼品店。推开门之后，他惊奇地发现，在礼品店的橱窗里依旧静静地躺着那只精致的水晶乌龟！

一切都已经明白了，年轻人静静地望着眼前的摩斯。而摩斯依旧静静地坐在柜台后边，冲着年轻人轻轻地微笑了一下。

这个时候，年轻人冰冷的面孔终于在这一瞬间被改变成为一种感激与尊敬："谢谢你，谢谢你，让我又找回了我自己。"

### 【释用】

当别人有恩德于我们的时候，我们自然要回报恩德。当别人伤害侵犯了我们，能够不以怨报怨，因为不这样做就降低了自己的道德水准；当然，我们也不提倡以德报怨，因为那会使得这个世界没有是非，甚至可能助长罪恶。

以直报怨，其实就是用正直的态度来对待怨恨。包含着不降低自己的道德水准与对方混战一团，包含着既正义凛然又克制的沉默，还包含着一如既往诚信待人的基本信条，其实在处理人际关系的"态度体系"里，就应该这样地完备建立起来。

### 【小语】

无论你是个多么强的人也会由于没有了对手而无生命的意义，这也就好比没了磨炼自己的事务，就会慢慢走向灭亡。有的时候，我们应该感谢自己的对手，不要以怨抱怨，因为在某些情况下，正是由于对手的刺激和反面的激励，反而让你更容易成功。

# 第二课 生活智慧：
## 领略人生的意义与真谛

　　孔子曰："未知生，焉知死？"意思就是说："没有了解生的道理，怎么会了解死呢？"孔子希望他的学生们能够好好地活着，只有当他们明白了为何而生，就不难觉悟到为何而死了。

　　其实，当我们翻看《论语》，仔细品读，就会发现，在《论语》当中，"生"字出现了16次，而"死"字则出现了38次，仅仅是从数量上的对比，就让我们感受到孔子的期望：好好珍惜生命，快乐享受生活。

# 子之燕居，　申申如也，　天天如也

子曰："子之燕居，申申如也，夭夭如也。"

——《论语·述而》

## 【解意】

**孔子说："在家闲居的时候，衣着要整齐得体，言行举止应幽然自得。"**

相传曾经有一个财主，生意做得很大，每日操心、算计，要么担心长工不好好给自己干活，要么担心家里的钱财会被小偷偷走，要么担心货物在运输的途中遭遇劫匪，有的时候他甚至还会担心在死去之后，万一财产分配不均，子女们发生矛盾该怎么办……总之，他成天到晚就是茶饭不思，没有一天开心过。

而在他家的高墙外面，住了一户非常贫穷的人家，这夫妻俩以卖茶水为生，老两口无儿无女，家徒四壁，但是整天却是有说有笑，"我们还不如隔壁卖茶水的两口子呢，他们的日子过得快快乐乐。"财主的老婆说道，"他们尽管穷，却活得很快乐。"

财主听完之后，随口说道："这有什么难的，我叫他们明天就高兴不起来。"于是他拿了一锭金元宝，从自家的墙头扔了过去。

当时那夫妻俩发现这从天而降的金元宝喜出望外，于是夫妻俩茶水也不卖了，开始讨论院子里的金元宝是从哪里来的，紧接着就开始商议拿着金元宝去做点什么，甚至还讨论万一以后这金元宝被别人误认为是偷来的该怎么办，随后又想万一有人知道他们家有金元宝前来打劫怎么办……总之，他们夫妻俩讨论了三天三夜也没有讨论出结果，于是茶不思，饭不香，觉也睡不好，当然再也听不到以前夫妻俩的欢声笑语了，财主这个时候得意地对他的太太说："你看，他们不笑了吧，办法就这么简单。"

**【释用】**

一肩挑尽古今愁，忧国忧民忧天下的孔子在家闲居的时候却能够做到仪态舒展，神色和乐喜悦，过着无忧无虑的个人生活，根本不是我们所想象的一副愁眉苦脸、严肃庄重的样子。这就是因为他虽然忧国忧民忧天下，但是却在个人生活上抱着以平淡为乐的旷达态度，所以始终能保持爽朗的胸襟，舒展自如的心情。

孔子其实是一个十分勤奋而机敏的人，他反对"饱食终日，无所用心"。他认为一个人总要有所作为。孔子的心态，用他的话来说，叫"君子坦荡荡"，他不忧不惧，因为他没有做亏心事。他感到人生是勤奋的，是乐以忘忧的。

现如今，我们周围有很多人常常会发出这样的感叹：生活太累！快乐离我们太远。其实，不是快乐离我们太远，而是我们根本不知道自己和快乐之间的距离；不是寻找快乐太难，而是我们活得不够简单。

**【小语】**

人生当中有太多的诱惑，如果我们在各种诱惑面前分不清、看不明，那么只能是盲目地随波逐流，身不由己地为名利而像陀螺一样不停地旋转，为了功名利禄、锦衣玉食不停地追求，等到喧嚣过后，一切归于寂静才发现自己已经是千疮百孔，连自己原本拥有的快乐都已经丢失掉了。

快乐就源自于自己的心底，是一种与财富、名利、地位无关的精神状态。现代人为了名利、财富、金钱而疲于奔命，有时候甚至置亲情、个人健康于不顾，最终丢失了亲情、透支了身体。在心里，生怕失去了任何一个可以利用的机会，却又逢人便感叹："唉，活得真累！"累什么呢？不就是累财、累名、累地位，累一己之得失、累个人的利益而已吗！

# 人无远虑，必有近忧

子曰："人无远虑，必有近忧。"

——《论语·卫灵公》

【解意】

**孔子说："人如果没有长远的考虑，就会有即将到来的忧患。"**

虫子特别喜欢吃苹果，有一天，有三只关系非常要好的虫子一起去森林里面找苹果吃。

第一只虫子经过自己的努力，跋山涉水终于来到了一棵苹果树下。其实它根本不知道这就是一棵苹果树，更不可能知道在这棵苹果树上面结满了很多鲜红的苹果。只是当其他的虫子都开始往树上爬的时候，自己也就随着大流开始往上爬，它根本没有一个目标，不知道要到哪里去，也不知道它想要得到什么样的苹果，没有目的，没有终点。

这种虫子的结局会怎么样呢？也许它运气好能找到一个大苹果，自己美餐一顿，幸福地生活下去，也有可能自己费了很大的力气爬到树上，发现没有一个自己喜欢的苹果，自己只能是后悔莫及。其实，大多数的虫子都是这样活着的，没有目标，没有理想，生活过得很没有意义。

第二只虫子也来到了一棵苹果树下，它很聪明，知道这就是一棵苹果树，也能够确定它想要的目标就是找到一个大苹果。可是这只虫子它并不知道这个大苹果长在什么地方？大苹果是长在树叶上面吧，它这么认为，于是它开始慢慢地往上爬，遇到分枝的时候，就选择一根比较粗的树枝继续往上爬。这只虫子就按照这个目标不断地努力前进，最后它终于找到了一个大苹果，虫子很高兴，大吃了一顿，但是它这时抬起头环顾四周，发现这个苹果其实是这棵苹果树上面最小的一个，而且更让它郁闷的是，在离它不远的另一个树枝上面就有一个很大的苹果。

第三只虫子也来到了一棵苹果树下，这只虫子有着明确的目标，知道自己想要的是一个大苹果，而且它还找到了一副望远镜，在树下面就能准确地找到大苹果的位置。于是它开始往上爬，按照之前所观察的道路慢慢地往上爬，它一点也不担心，因为它做好了充分的准备，知道自己该往哪里爬，最后它的努力终于没有白费，得到了一棵苹果树上面最大的苹果。

从这三只虫子寻找苹果的经历我们会发现，第一只虫子从开始就没有目标地、毫无目的地前行，这是一只稀里糊涂的虫子，不知道自己需要什么。很多人都会为这只虫子而感到惋惜，甚至鄙弃这只虫子，可是令人遗憾的是，在现实社会生活中有很多人都和这只虫子一样，盲目地生活、盲目地工作。

第二只虫子虽然知道自己想要一个什么样的苹果，但是它却不知道怎么样才能得到这个苹果，于是到了最后它才有表面看起来自己离成功已经很近，但却还是遥不可及的尴尬。

第三只虫子有着很明确的目标，也能够做出正确的选择，通过自己的观察，找到了一条正确实现目标的道路，不仅没有浪费时间，也节省了自己的精力。

【释用】

这句古老的谚语，充满了先人的智慧，也告诫我们要未雨绸缪，不要只看到眼前的事物，而忘却了人之所以积极奋斗的远景期待。

其实反过来讲也是可行的，这是因为如果我们自己连眼前的事物都没有办法处理好，日子就会过得越来越糊涂，那么自己的生活终将是一团乱。

在现实生活中满足而没有忧虑的人，并不一定快乐，因为他们总会想到那遥不可及且不可预期的未来。所以，我们要把现在和未来相互联系在一起，我们的奋斗目标必须是专注且连续的，这样才能走出人生的好旅程。

【小语】

在现代社会中，有什么样的目标就会有什么样的人生。人这一生的时间是有限的，所以越早制定自己的目标，就能越早地去实现它，也会有更多的时间和精力。成功的人士之所以能够这么优秀，其实主要原因就是确定了自己的目标，并且把大部分的时间、精力都用在了实现自己人生目标上面。

因此，一个人成功的前提就是要先明确一个自己的目标，只要有了目标，我们就有努力和奋斗的方向，就能有动力、有信念、有希望。

# 不念旧恶，怨是用希

子曰："伯夷叔齐不念旧恶，怨是用希。"

——《论语·公冶长》

## 【解意】

**孔子说："伯夷、叔齐不计较过去的仇怨，因此也极少招致他人的怨恨。"**

在 1706 年，德意志神圣罗马帝国皇帝亨利与教皇格里高利进行权力的争夺，最后争夺日渐激烈，已经发展到了白热化的阶段。当时的亨利非常想摆脱罗马教廷的控制，而教皇则是想把亨利赶尽杀绝。

就在这紧要的关头，亨利首先行动。他召集了德国境内各个教区的主教们开会，而在会议上，亨利向大家宣布废除格里高利的教皇职位。而格里高利怎么能够任亨利宰割呢？他也立刻行动起来，格里高利在罗马的拉特兰诺宫召开了一个全基督教会的会议，决定要将亨利驱逐出境。结果这一决定受到了德国人民的支持，甚至也得到了其他国家人民的支持。

由于格里高利的号召力很强，所以在很短的时间内就掀起了反对亨利的运动，特别是德国国内一些大大小小的封建领主都开始造反了，向亨利的王位发起了挑战。

亨利面对这样的情况，最后只能选择妥协。他于 1077 年 1 月穿了一身破旧的衣服，骑着毛驴，并且只带了两个随从，就在寒冷的天气中翻越千山万水来到了罗马，准备向教皇承认错误。可是格里高利心里一直对亨利耿耿于怀，他故意不理睬亨利，在得知亨利马上要到罗马之前就离开了罗马。

结果等到亨利到达罗马之后发现城堡的大门紧闭，根本就不让亨利进去。可是亨利为了保住自己的皇位，没有办法只好忍辱跪在了城堡前面的雪地上进行忏悔。

当时天气异常寒冷，大雪纷飞，天寒地冻，身为帝王的亨利就在这种天气中跪了三天三夜，最后才等到了教皇的宽恕。

亨利从此又恢复了教籍，他在自己保住皇位之后返回到了德国。从此之后亨利开始大力进行内部的改革，之后又派兵把封建领主一个个给消灭了，而且还剥夺了他们的爵位和土地，这样一来亨利就把威胁自己的内部反抗势力消灭得干干净净。

亨利通过一段时间巩固了自己的地位之后，他立即向罗马出兵，结果格里高利面对亨利强大的兵力，最后只能逃出罗马，客死他乡。

**【释用】**

当我们与强大敌人相处的时候，懂得忍让其实是一种策略。而你的示弱忍辱只不过是在迷惑对手，等到他麻痹之后，你就可以选择时机，出奇制胜。

现在忍辱已经成为了经营人生的大智慧，可是很多人还是不懂得这一宝贵的人生智慧。他们在生活中总是喜欢逞强，不甘示弱，即使是自己站在了风口浪尖上也绝不退缩。

一般来说，忍辱、示弱我们每一个人都会。可是在适当的地点、适当的时间，能够懂得忍让，学会向对手示弱、低头，甚至是流泪的人并不多，因为这种行为在很多人眼中只有傻子才会做。可见忍让不仅仅需要智慧，更需要勇气，但是为了你自己能够更好地生存和发展，你有的时候还真的需要当"傻子"。

**【小语】**

我们在做事的时候，既要遵守规矩，又不能不知变通。我们只有做到了这一点，人生才会达到一个理想的境界，才拥有了幸福、美好的人生。

# 不义而富且贵， 于我如浮云

子曰："饭疏食饮水，曲肱而枕之，乐亦在其中矣。不义而富且贵，于我如浮云。"

——《论语·述而》

【解意】

孔子说："吃粗粮，喝凉水，睡觉的时候弯着胳膊当枕头，也能够自得其乐。用不正当的方式得到的富足和尊贵，在我看来就好像浮云一般。"

曾经有一对相爱的男女在朋友们的祝福声中结婚了，可是他们还没来得及度蜜月，丈夫就需要公费到美国留学，攻读经济管理专业。

作为妻子，也觉得这是一个千载难逢的好机会，于是就大力支持丈夫出国。从此她只好独守空闺，过着一个人的生活，渐渐地，妻子实在无法忍受这种孤独的生活，索性就辞了工作，拿着丈夫的材料去办探亲签证，结果最后由于一些事情而没有办成，妻子当时并没有把这件事情放在心上。

就这样过了一段时间，妻子又去办签证，结果还是没有成功，这个时候的妻子心里已经很沮丧了。最后，妻子再一次尝试去办签证，可是又失败了。从那以后，妻子就不再想着要与丈夫团聚了，因为她对此已经不抱希望了。

丈夫留学一年之后，因为和导师的关系不好而被迫转学，而且他转的学校还是一个毫不出名的学校。这个时候的妻子就劝他回国，妻子说与其读一个不出名的学校还不如回国工作。因为以丈夫的学历和能力，一定可以做出一番事业，而且这样她也可以和丈夫团聚，他们就再也不用过分居的生活，不用再受离别之苦。

可是丈夫由于虚荣心而不愿意回国，他害怕别人笑话他，说他是在国外混不下去才回国安家。

就这样，虚荣心让丈夫固执地留在国外过着艰苦的生活。他何尝不想回到自己的家，与家中的爱妻团聚，可是他却只能对着照片发呆，他感觉自己的压力越来越重，担心学业无法顺利完成，担心妻子在家难耐孤独，担心朋友取笑自己……

而就在这个时候，他的妻子也对自己的丈夫充满了怨恨，两人由于长时间的相隔异地，感情变得越来越淡，妻子担心这一段爱情会渐渐消逝，也担心丈夫在国外的衣食住行，最为担心的还是丈夫什么时候才会回到自己身边。

这两个人在婚后的几年里面一直承受着如此沉重的压力，唯一的原因就是丈夫那一点点虚荣心，如果丈夫可以放下自己的虚荣心，那么这一切压力都会随之烟消云散。可是固执的丈夫却依然选择了能保留面子的方法，继续留在国外，最后，妻子只好提出了离婚。

**【释用】**

富裕就是丰富，大道生万物，大道生生不息，必然要有无穷的东西赠给爱道的人。大道生生不息，不富则不足为道。所以孔子是希望人们能够真诚地生活，做到心灵自在、心灵单纯、灵魂富足，而且他也希望人们的物质生活应该尽可能地丰富。

但是在当时，由于孔子的政治主张始终得不到各诸侯国君的认可，所以即使孔子才华横溢、德高望重，但是却四处碰壁，时常处于无官可做的贫困和尴尬境地。

而面对这样的情况，孔子采取的对策是，假如得到任用，我就为你施政，出力办事；假如得不到重用，也不会为了拥有富贵而不择手段。我一定会隐藏起来，安贫乐道，但是不管怎样，我的儒家主张、政治理想不会放弃，一切规则不会改变，追求也不会停止。

其实，当君子坚持一种操守，他能够做到在任何情况下都不会改变；当君子坚持一种德性，也不会轻言放弃。君子实行一种主义，即使是在最艰难困苦、颠沛流离之际也能够很好地依据这种主义去做人、做事。

**【小语】**

有的时候，财富并非意味着希望，我们的希望在有的时候也并不是来自于财富，而是来自于我们丰富的内心世界。财富可以说是身外之物，失去了可以再一次拥有，没有了可以再进行创造，但是如果我们一旦失去了理想和追求，失去了内心的道德操守，那么我们的身体便会形同躯壳，生命就好像是行尸走肉，生命之花就会枯萎，生命之树更是难以常青。

# 逝者如斯夫！ 不舍昼夜

子在川上曰："逝者如斯夫！不舍昼夜。"

——《论语·子罕》

## 【解意】

**孔子在河边感叹地说："一去不复返的时光就好像这河水一样啊！不论白天黑夜不停地流逝。"**

鲁迅 12 岁的时候在绍兴城读私塾，当时他的父亲正患着重病，两个弟弟年纪还小，鲁迅不仅经常上当铺、跑药店，甚至有的时候还需要帮助母亲做家务。

有一天，鲁迅因为在家里多帮助母亲做了一点事，结果上学迟到了，严厉的老师狠狠地责备了鲁迅一番。在鲁迅挨了批评以后，并没有因为受到了委屈而埋怨老师和家庭，他反而非常诚恳地接受了老师的批评，决心做好精确的时间安排，再也不会因为做家务而耽误上课了。于是，鲁迅用小刀在书桌的右下角，方方正正地刻了一个"早"字。用这样的方式来提醒和鞭策自己要珍惜时间，发奋读书。

此后，鲁迅几乎每天都在挤时间。后来鲁迅说："时间就像海绵里的水，只要你挤，总是有的。"

鲁迅对于读书的兴趣非常广泛，他不仅喜欢写作，对于民间的艺术，特别是一些传说、绘画都有深刻的爱好。也正是因为鲁迅的广泛涉猎，多方面学习，所以时间对他来说，显得更加重要。鲁迅这一辈子多病缠身，工作条件和生活环境都不好，但是他每天都要工作到深夜才肯休息。

在鲁迅的眼中，时间就是生命。他说："美国人说，时间就是金钱。但我想：时间就是性命。倘若无端地空耗别人的时间，其实是无异于谋财害命的。"

## 【释用】

我们可能从小就熟读过许多珍惜时间的诗句，例如"少壮不努力，老大徒伤悲"、"我生待明日，万事成蹉跎"等，其实这些诗句的意思就是告诉我们要抓紧时间，不要虚度青春的。

成功的人之所以成功，就是因为懂得珍惜每分每秒，造就了辉煌的成就；而失败的人因为消磨时间，在他们眼里时间是漫长和无所谓的，结果最后当他们回过头看一看自己走过的路时，才猛然发现时间如流水，一去不复返，才知道时间是如此的宝贵，但是这一切都已经迟了。

一个会管理时间的人，总是能够泰然自若地待人处事，将需要处理的事、需要完成的事在自己规定的时间内完成得有条不紊。而一个不会管理时间的人，在他的生命中就会有许多时光是处在一种浪费状态，并且随时可能会浪费掉其他人的时间。

学会管理自己的时间，在某种程度上可以说也是为了更好地享受我们有限的人生。一天的时间如果不好好进行规划，就会白白浪费掉，消失得无影无踪。而且很多事实也证明，成功与失败的界限就在于如何分配时间、如何安排时间。

**【小语】**

如果一个人没有奋斗的目标，其实就是在浪费时间。就好像我们毫无目的地从一个店铺逛到另一个店铺，从一条街转到另一条街，这是一件多么没有意义的事情。

确定目标能够帮助我们节省大量时间，让我们的生活走上正轨，每当遇到一些事务，就知道应该如何从中选择有益于自己目标的事情，避免与目标不相符的事。

珍惜时间也并不代表着要不停地工作，甚至是放弃休息，它是指能够很好地利用休息和空余的时间，让我们能够更加高效地工作。如果我们把空余的时间都花费在无所事事上，那么它既不会有利于我们，也不会给我们的工作和生活带来益处。可是当我们把一些时间花在有益的游戏、体力活动或体育运动上，从侧面来讲就会为我们的工作和生活带来益处，就会让我们获得力量，去实现我们的目标。

珍惜时间，树立目标，这是我们每个人一生需要遵守的准则，只有把这两项作为座右铭，时时刻刻牢记在心，才能让我们有限的生命，焕发出无限的光彩。

# 子钓而不纲， 弋不射宿

子钓而不纲，弋不射宿。

——《论语·述而》

## 【解意】

**孔子只是钓鱼，不用大纲大网去捕鱼，用弋射鸟，但是不射已经归巢的鸟。**

有一位科学家讲述了他在一次考察的过程中遇到的事情。当时一个处于最基层的植树造林队的队长提出了一种"退耕还沙"的构想。这个观点听起来似乎是很荒诞，但是经过实践证明是切实可行的。

在一片沙地经过改造之后种上了庄稼，可是后来因为找不到水源，土地自然就沙化了，而这个时候他们想引黄河的水来浇灌，但是这样成本就会抬高，根本无法实现，而造林也是不可能，因为种树根本就无法成活，如果改种草，也很不容易成功。

可是，如果我们什么都不做，根本不管它，让它自然而然地还原为沙地，结果在那片沙地上反而会零星地长出一些植被，从而巩固了沙土。

无独有偶，曾经也有这样一个公司，为了改造不毛之地，将一大片沙化农田进行改造，他们把沙化的整片土地翻了个遍，可是结果什么也没有种出来，最后只好放弃不管了。到后来，这片被翻整过的土地真的成为了一片不毛之地，而没有被翻整过的土地，反而零星地长出一些植被，而且地表还结皮。

这个问题曾经也困扰了一个小和尚。有一天，小和尚发现寺庙前草地上的草都枯黄了，没有半分绿意。

小和尚对师父说："咱们快去撒点草籽儿吧，您看现在这黄秃秃草地多难看呀。"

师父淡淡一笑，说："好啊！等天凉了，随时吧。"

等到中秋过后，师父买了一包草籽儿让小和尚去种。在阵阵秋风中，草籽儿被吹得满地飘零。小和尚这个时候惊慌了，生怕风把草籽吹走。

师父不动声色地说："没关系，吹走的草籽多半也是空的，即使撒下去也发不了芽。随性吧。"

撒完种子之后，又引来了一群麻雀。小和尚急得直跺脚："师父，草籽儿要让麻雀给吃光了。"

可是师父依然和颜悦色地说："没关系，吃不完。随遇吧。"

在当天夜里，忽然下了一场暴雨。清晨，小和尚到寺庙前一看，就慌慌张张地跑进禅房："师父，不好了，草籽儿全让暴雨给冲走了。"

师父仍旧是一副不介意的样子："冲到哪里就会在哪里发芽，随缘吧。"

几天之后，枯黄的草地上居然长出了一片青翠可人的绿苗，而且更让小和尚惊喜的是，原先没有播种的很多地方，居然也泛出了绿意。

小和尚兴奋地跳起来："太好了，真是太好了！"

师父也只是脸上露出淡淡的一丝笑意，点点头说："随喜，随喜！"

孔子说："仁者乐山，智者乐水。"仁者何以乐山？智者何以乐水？山水是天地自然的象征，更是一切生命的源泉和万物栖息的场所；是仁者对生命的一种寄托，也是智者对自然的一种依恋，而这也是孔子这位仁智的哲人对天人相合境界的精妙诠释。

天地人之间实际上就是一种矛盾的统一体。如何处理天人之间的矛盾，儒家所赞赏和提倡的是女娲炼石以"补天"之法，大禹治水用"疏导"之道；敬天不唯天，重人不轻天；切忌与天地拼杀去"违天"、"斗天"以致最后"毁天"；以人不违天之举，实现天不违人之合。

【小语】

随时、随性、随遇、随缘、随喜，一切顺其自然，不要强求所有事情都能够整齐划一。到头来一味地苛求自己、苛求他人、苛求生活，与生活较劲，必然会得到适得其反的结果。我们每个人应该在坚强中随遇而安，在平凡中感受快乐，在和谐中求得发展。

凡事逆势而动，违背自然规律，必然会遭受惩罚，而且对任何事情不存妄想，但求实力，不能走极端，需要量力而行。

我们每个人都想办不平凡的事，成为不平凡的人，也都希望自己能够拥有名誉、地位、财富等，但是如果操之过急，好高骛远，结果只会适得其反。凡事只有努力去做，一切顺其自然，保持良好的心态，才会取得成功。

# 未知生，焉知死

季路问事鬼神。子曰："未能事人，焉能事鬼？"曰："敢问死。"曰："未知生，焉知死？"

——《论语·先进》

## 【解意】

**季路问如何侍奉鬼神。孔子说："没能事奉好人，怎么能事奉鬼呢？"李路又说："请问死是怎么回事？"孔子说："生都弄不清楚，又怎么会知道死呢？"**

杰克是一家企业的副总，有一次他曾经入住希尔顿饭店。每天早晨杰克刚一开门，走廊尽头站着的服务员就会过来向杰克先生问好。

而让杰克感到非常惊讶的是，这些服务员不仅是举止文明礼貌，而且服务员居然能够准确喊出自己的名字。而杰克先生这几年一直在外出差，住过的酒店可以说是很多，就没有一家能够像希尔顿饭店这样，服务员准确喊出客人的名字。

原来，在希尔顿饭店，要求楼层的服务员必须时刻记住自己所服务的每一个房间的客人名字，以便能够给客人提供更加细致和周到的服务。

当杰克坐电梯到一楼的时候，发现一楼的服务员居然和走廊的服务员一样，也能够叫出他的名字，这再一次让杰克先生非常纳闷。而服务员解释道："因为上面有电话打了过来，说您下来了。"

在杰克先生吃早饭的时候，饭店的服务员送来了一块点心。杰克就问，这块点心中间的红色是什么？服务员看了一眼，紧接着后退一步做了回答。而杰克又问到旁边那个黑色的是什么。服务员再一次上前看了一眼，随即又是退后一步做了回答。

服务员为什么在回答客人问题之前先要后退一步呢？原来，服务员是为了避免自己在说话时，唾沫落到客人的早点上。

## 【释用】

一个人拥有远大的理想，想成就一番大业，这是好事情。正如拿破仑那句名言："不想当元帅的士兵，不是好士兵。"但是，想当是一回事，如何能够当上又是另外一回事。从士兵到元帅，需要的是一个人一步步的努力，没有人一出生就成为元帅的。元帅都是身经百战，从士兵做起，一级一级晋升上去的。

现实中有很多所谓的"能人"一生沉沦下去，就是因为在他们的心中有太多的不公平。以至于没有时间，或者是没有心情去做眼前的"小事"、"琐碎事"，让这些"能人"的才华无法展示出来。也有很多的"能人"在得到了自己梦寐以求的工作或者是职位之后，很快就从新的职位或者是工作岗位上摔了下来。

这是为什么呢？原因就是他们一天到晚心中就惦记着"机会如何来临"，却没有想到机会真的来临的时候应该怎么办，就好像心中一天到晚只想着如何当元帅，根本没有想到真正当上元帅以后怎么办，更别说实际中的准备工作了。

**【小语】**

当有些人生病的时候，恨不得赶紧找一剂灵丹妙药，只要一吃下去便药到病除；当有些人在生意场上刚赚到第一桶金的时候，恨不得点石成金，马上成为百万富翁。忘记"先做好眼前事"，脚踏实地的道理，一心想着"一步登天""一口吃成个胖子""毕其功于一役"的人怎么可能成功？

做事就要脚踏实地，一步一步地来，一个台阶一个台阶地上，不可急于求成，循序渐进才是事物发展的规律。

成功的诀窍也就体现在了一个"度"字上，不可操之过急，也不可过缓，要掌握好求稳渐进的奥妙。

# 不怨天，不尤人

子曰："不怨天，不尤人，下学而上达。知我者其天乎！"

——《论语·宪问》

**【解意】**

**孔子说："不怨恨上天，不责怪别人，我学了些平凡的知识，从中领悟了高深的道理。了解我的，大概就只有天吧！"**

在一座深山里面，曾经有一个非常简陋的寺庙，有一位不问世事的老和尚在这里长年隐居着，可以说这位老和尚每天都是把打坐修行作为自己生活的全部。

有一天夜里，有一个小偷在这座深山里面迷了路，于是他就在迷失方向的情况下来到了这位和尚的寺庙前。小偷在寺庙门口休息了很长的时间，心想：如果这次没有什么收获，那么我走了多少的冤枉路啊。也就在这个时候，寺庙内的老和尚听到了门口的动静，说道："施主，您深夜来到寒寺还是赶快进屋吧，深山里面晚上风大，小心着凉了。"

这个时候小偷听了老和尚的话之后，感觉这个老和尚心太善良了，很容易欺负，于是就踹门而入了。可是当小偷看见寺庙里面穷的什么都没有的时候，小偷内心绝望了，就好像打了败仗的士兵一样，于是一脸的沮丧，而且口中还不停地骂着老和尚："要是早知道你这么穷，我就不会花费这么大力气深夜找到这里了，你这里真的是一贫如洗啊！"

没有想到的是，老和尚听完小偷的辱骂之后并没有生气，而是对小偷说道："我现在很满足啊，我不觉得自己缺少什么，施主你也应该改过自新，不要再去做偷盗之类的事情了。"但是小偷听完之后却没有丝毫悔改之意，而且口中还在不停地辱骂老和尚。

当小偷垂头丧气准备离开老和尚寺庙的时候，老和尚却叫住了小偷，而且还语重心长地说道："外面很黑，很冷，我这里还有一个半新的铺盖给你，你拿着吧，可以在路上取暖。"于是就这样，小偷带着老和尚给的半新的铺盖，消失在了茫茫的夜色当中。

而当老和尚看着小偷远去的背影时，心想：在这么黑暗的夜里，我也许应该再送给他一盏明亮的灯，这样他才更容易找到回家的路。

当小偷离开老和尚的寺庙以后，他的心一直感到非常不安，因为老和尚明明知道自己是小偷，他还能对自己和颜悦色，甚至对自己关爱有加，所以小偷越想越感到非常的惭愧。

于是小偷最后想了想，他决定返回去把半新的铺盖放在老和尚寺庙的门口，之后就悄然离开了。

第二天一大早，老和尚听见树林中小鸟清脆的鸣叫声，当他打开寺庙门的时候，发现自己送给小偷的铺盖却放在门口，老和尚非常高兴地拿起铺盖欣慰地说道："原来我已经给了他一盏明亮的灯了。"

### 【释用】

当我们遇到挫折与失败的时候，不要将自己的失落和苦闷归结于上天，更不要将自己的过错和失误归咎于他人，因为这是一种避世的胆怯，是一种利己的私心。就好像射箭一样，当射不中靶子的时候，一定要从自身寻找原因，要深刻检讨自己技艺的不精。

其实在儒家看来，"上不怨天，下不尤人"代表的不仅是一种积极的人生态度，更是一种个人修养的道德境界。

常言道："天有不测风云，人有旦夕祸福"，一个人只有放弃无休止的抱怨，才能始终保持乐观健康的良好心态，从而积极向上，有所作为。

### 【小语】

人世间善恶的界线往往是很微妙的，而唯有自我反省才是打破这条界限的最好办法。我们在反省的过程中，能够感知自己的所作所为，能够以道德来约束自己的行为，能够以佛法净化自己翻腾的心灵，而也只有反省自己，才能够更好地去宽容别人。因为每个在社会中生存的人，都会犯大大小小的错误，而如果每个人都斤斤计较，那么可以说是庸人自扰。

# 人不堪其忧， 回也不改其乐

**【解意】**

**孔子说："颜回的品质是多么高尚啊！一箪饭，一瓢水，住在简陋
的屋子里，别人都忍受不了这种穷困清苦，颜回却没有改变他好学的乐
趣。颜回的品质是多么高尚啊！"**

古希腊哲学家苏格拉底还是单身的时候，和几个朋友一起住在一间
只有七八平方米的房子里，但他却总是乐呵呵的。有人问他？"和那么
多人挤在一起，连转个身都困难，有什么可高兴的？"

苏格拉底说："朋友们在一起，随时都可以交流思想，交流感情，
难道不是值得高兴的事情吗？"

过了一段时间，朋友们都成了家，先后搬了出去。屋子里只剩下苏
格拉底一个人，但他仍然很快乐。那人又问："现在的你，一个人孤孤
单单的，还有什么好高兴的？"

苏格拉底又说："我有很多书啊，一本书就是一位老师，和这么多

老师在一起，我时时刻刻都可以向他们请教，这怎么不令人高兴呢？"

几年后，苏格拉底也成了家，搬进了七层高的大楼里，但他的家在最底层，底层的境况是非常差的，既不安静，也不安全，还不卫生。那人见苏格拉底还是一副乐融融的样子，便问："你住这样的房子还快乐吗？"

苏格拉底说："你不知道一楼有多好啊！比如，进门就是家，搬东西方便，朋友来玩也方便，还可以在空地上养花种草，很多乐趣呀，只可意会，无法言传

又过了一年，苏格拉底把底层的房子让给了一位朋友，因为这位朋友家里有一位偏瘫的老人，上下楼不方便，而他则搬到了楼房的最高层。苏格拉底每天依然快快乐乐。那人又问他：先生，住七楼又有哪些好处呢？

苏格拉底说，好处多着呢！比如说吧，每天上下几次，这是很好的锻炼，有利于身体健康：光线好，看书写字不伤眼睛，没有人在头顶干扰，白天黑夜都非常安静。

## 【释用】

在孔子看来，有理想、有志向的君子，不会总是为了自己的吃穿住而奔波的，"饭疏食饮水，曲肱而枕之"，对于有理想的人来讲，可以说是乐在其中。

与此同时，孔子还提出，不符合于道的富贵荣华，他是坚决不予接受的，对待这些东西，就好像是天上的浮云一般。这种思想深深影响了中国古代的知识分子，也是当今我们的做人信条。

## 【小语】

金钱和物质其实都是外在的东西，只有创造和精神才是内在的本质。人人都渴望过上富足的生活，当我们还不富裕的时候，我们应该怎

样生活呢？怨天尤人当然不可以，安之若素又太消极了，唯有直面现实寻求改变才是正确的选择。

很多人至今也没有弄明白金钱与幸福的关系，其实，一切在于自我的心态。

我们不要当金钱的奴隶，而要做精神的富翁。当我们在解决了温饱之后，当我们有了银行存款之后，如果眼睛始终紧盯着钱，这样的生活其实已经失去了乐趣。

有句话说："穷到极点，不是衣不蔽体，而是没有表情。"所以，当精神沉沦于物质中，你便沦为了金钱的奴隶；当物质氤氲于精神中，你才是自己的主人。

# 及其老也， 血气既衰， 戒之在得

孔子曰："君子有三戒：少之时，血气未定，戒之在色；及其壮也，血气方刚，戒之在斗；及其老也，血气既衰，戒之在得。"

——《论语·季氏》

【解意】

孔子说："君子有三种事情应引以为戒：年少的时候，血气还不成熟，要戒除对女色的迷恋；等到壮年时，身体成熟了，血气方刚，要戒除与人争斗；等到老年，血气已经衰弱了，要戒除贪得无厌。"

有一个年轻人内心十分的苦恼，于是他来到了禅师面前，开始对禅师诉说自己是多么的难受，不能够被别人理解，活得有多么的累。这位年轻人希望禅师能够告诉自己，以后的人生之路该何去何从，是不是还要再听信别人的意见，改变自己的性格。

当禅师听完这个年轻人的抱怨之后，并没有立刻告诉他答案，而是给他讲了一个小故事。

在从前，有一个女人在年纪轻轻的时候就失去了自己的丈夫，从此之后，她就带着自己的四个孩子，每天为了生计辛苦地工作着。她非常的勤劳，天天都是不辞辛劳地，从早晨一直忙到晚上，而也只有这样，她才能勉强维持家庭生计。可是即使这样，村里也很少有人喜欢和她来往。

她有一个邻居，是一个长年卧床不起、无依无靠的老人。于是这个善良的女人一直无怨无悔细心地照顾着这位孤寡老人，即使再忙，她也从来不会忘记给老人做饭。就这样过了很长时间。

在此期间，很多人都不能理解她的行为，于是紧接着流言蜚语就开始流传开来，但是这个女人并没有在意。最终，这位老人在她的照顾下，非常安详地离开了人世。

可是没有想到的是，这位老人虽然一生都过着非常节俭的生活，但是在他的手中却有一笔非常可观的存款。这位老人知道这个女人非常不容易，而且也非常感激她这么长时间对自己的悉心照顾，于是就在临终前写了一份遗嘱，将自己的所有财产都留给了这个女人。

从此以后，这个女人的生活一下子就发生了重大变化，但是她却依然按照自己的人生准则帮助别人。但是现在不同的是，村庄里再也没有人嘲笑和排斥她了，而且大家都是对她充满了万分的崇敬。

当这个年轻人听完禅师给他讲的故事以后，内心感到无比的舒畅，于是他谢过禅师，非常愉快地下山去了。

当人到了老年，身体的各种功能都开始衰退，特别是生理功能的衰退，也就限制了老年人的活动，让老年人做任何事情的时候常常感到力不从心。

自己年轻时候的豪情壮志和奋斗热情自然也要减轻几分。特别是对追求名誉、金钱、地位所带来的刺激，就老年人的身体承受能力来说，已经是非常的吃力了。

从社会和心理的角度来说，人一旦上了年纪，就意味着要离开过去的社会生活，放弃大部分社会角色。而此时，老年朋友要做的一件重要事情就是首先要在心态上做一番调整，客观地重新审视和认识自己。如果自己总是抓住过去的社会角色不放，在心理上还渴望过去那种追求名利和物欲的生活，其结果只能是自寻烦恼。

【小语】

其实善待生活、善待他人，能够按照自己的生活准则来过好每一天，就一定会得到生活丰厚的回报。只有当我们放平自己的心态，善待生活，我们才能生活得快乐。

在现实生活中，很多人只知道随波逐流，但是却常常忽视了自己的存在，从而也失去了真实的自己。每个人是不同的，所以真我也是不一样的，我们千万不要看轻了自己，一定要放平心态，善待生活。

# 第三课　与人交往：
## 择其善者而从之，其不善者而改之

人们常说"在家靠父母，出门靠朋友"。一个人行走在复杂的社会中难免会需要别人的帮助。其实朋友就好像是一本书，通过他就可以打开整个世界。但是朋友也有好坏之分。

益友能够在你困难的时候及时为你提供帮助，向你伸出援助之手。而损友却会给你带来更多的麻烦，让你陷入歧途，无法自拔。而如何才能够在与人交往中找到益友，远离损友，这就需要我们懂得与人相处的智慧。

# 益者三友， 损者三友

孔子曰："益者三友，损者三友。友直，友谅，友多闻，益矣。友便辟，友善柔，友便佞，损矣。"

——《论语·季氏》

【解意】

孔子说："对自己有益的朋友有三种，对自己有害的朋友也有三种。同正直的人交友，同守信用的人交友，同见多识广的人交友，对自己有益。同谄媚的人交友，同当面奉承背后使坏的人交友，同花言巧语的人交友，对自己有害。"

鲍叔牙在年轻的时候与管仲有很深的交往，彼此之间结下了深厚的友情。两人一起去做买卖，管仲常常会分得大部分的利润。因为管仲的家庭条件不好，所以鲍叔牙认为这是应该的。

有一次，管仲为鲍叔牙做了一件事情，反而让鲍叔牙陷入了窘境，可是鲍叔牙并没有怨恨管仲。

他们在年轻的时候曾经秘密约定要一起辅佐齐国的君王建立霸业。管仲当公子纠的师傅，鲍叔牙则当公子小白的师傅。管仲对鲍叔牙说：

"齐国将来必定是由纠或小白当上君主，其他公子不配继承。非常幸运的是，我们在这两个优秀的公子身旁当师傅。不管谁继承王位，我们都要合力辅助君主。"

齐国的君主僖公去世之后，诸位王子相互争夺王位非常厉害，到最后就只剩下公子小白与皇兄公子纠之间的争夺了。管仲为了替公子纠争王位，还曾用箭射伤公子小白。最终还是小白回到齐国继承了王位，这就是齐桓公。

帮助客居鲁国的公子纠争王位的鲁国在与齐国交战中大败，只得求和。桓公要求鲁国处死公子纠并交出管仲。消息传出后大家都同情管仲，被遣送回齐国他无疑是要被折磨致死。于是有人说："管仲啊！与其厚着脸皮被送给敌方，不如自己先自杀。"

管仲听完之后一笑了之。他说："如果小白要杀我，当初就应该和公子纠一起被杀了。既然还要把我押回去，就不会杀我。"就这样管仲最后被押回了齐国。但是出人意料的是桓公马上任用管仲为宰相，这个连管仲都没有想到。

其实，管仲之所以能够当上齐国的宰相，这与他的朋友鲍叔牙有很大的关系。鲍叔牙招来管仲救了他的命，并且推荐他为宰相，遵守了彼此的约定。在他们的共同努力之下，齐桓公平定乱世成为开创霸业的先驱。

后来，管仲深有感触地说："当初我贫穷时，曾与鲍叔牙一起做买卖，分财利时我常常多占，鲍叔牙却不以此认为我贪，因为他知道我家贫。我曾经为鲍叔牙谋事，结果却使他更窘迫，鲍叔牙不因此认为我这个人很愚蠢，因为他知道时机有时有利有时不利。我曾经几次出仕，却屡次被国君罢免，鲍叔牙不据此认为我无能，因为他知道我没有碰到好时机。我曾几次带兵打仗，不仅屡战屡败，而且还做过逃兵，鲍叔牙不因此以为我这个人胆小，因为他知道我家有老母需要供养。公子纠与小白争位失败后，几乎自杀，我被囚禁起来，忍受侮辱，鲍叔牙不因此认为我这个人不知羞耻，因为他知道我不以小事为耻，而只耻功名不显扬于天下。所以说，生我的是父母，而真正了解我的是鲍叔牙。"于是，天下人不但称道管仲之才能亦常常称道鲍叔牙有知人之明。

孔子说的交友、择友之道，实际上就是一种为人之道。当人们用正直、诚信、博学多识作为自己选择朋友的原则时，特别是力戒与那些"损者"为友的时候，这其实也是在为自己、为对方确立了一个做人的道德目标和行为准则。我们只有先让自己在道德上努力做到正直、诚信，并且不断追求广博的知识，提高自己的能力，才会得到朋友的认可，也才会受到社会的尊重。

益友难交，因而显得更加可贵，我们所说的朋友并不是越多越好，我们应该多交益友，少交损友，这样才能够真正从朋友那里得到帮助和快乐。

益友志同道合，可以让你有所借鉴，对你有所帮助，能在关键时刻扶你一把。交友不能不慎重，一定要有分辨才能交上益友。

# 无友不如己者

子曰："君子不重则不威，学则不固。主忠信，无友不如己者。过则勿惮改。"

——《论语·学而》

**【解意】**

**孔子说：君子如果态度不庄重，就没有威严，即使读书，也不会扎实。做人重要的是诚实、守信用。不结交和自己不同道的人做朋友。有了过错就不要怕改正。**

林肯在年轻的时候曾经当过邮政局长。林肯那时候刚 21 岁，全家为了更好地谋生，从印第安那州迁居到了伊利诺斯州一个叫纽萨拉姆的小镇。刚到这个小镇的时候，林肯在小店里面干一些杂活，林肯干活非常勤快，而且为人也忠厚老实，所以当时城镇里面的长辈们一致推荐他在新开设的邮政局当局长。

在那个年代，邮票还没有问世，林肯所在的邮政局设施也十分简陋，连一张像样的办公桌都没有。林肯为了保管邮政局的钱和账本，只能用一双打着补丁的破旧袜子当成"保险箱"，把钱和账本都放在破袜子里。林肯名义上是纽萨拉姆小镇邮政局的局长，可是实际上邮政局也就只有他自己一人。

邮局的生意一直以来都不好，开业没有两个月就关门了。林肯当时接到了上级关闭邮局的通知以后，把账目算清楚，装进了那双破袜子里，并把袜子悬挂在了屋角的房梁上面，等着上级来检查的时候好交差。可是由于这个邮局太小了，上级迟迟都没有派人来。这下子可把林肯给急坏了，他天天都在等，可是一天天过去了，房梁上面的破袜子表面都落了一层灰，还是没见到上级派人来。

大约一年以后的一天，林肯在大街上遇见了上级邮政局的局长，于是他赶紧把这位局长请到邮政局里，把账本和钱交代清楚，这时林肯才感到如释重负。于是，在纽萨拉姆小镇上，人们把林肯尽职尽责的事情传开了，从此，最诚实的邮政局长——林肯就这样出名了。林肯也正是以自己的诚实守信赢得了很多美国民众的心。

在明朝时，有一位学者叫宋濂。他从小就喜欢读书，但是家里很穷，上不起学，也没有什么钱可以买书，所以只好向别人去借书。宋濂每次向别人借书都先讲好还书日期，而且必定按时还书，从不违约，所以人们都愿意把书借给他。

有一次，宋濂借到了一本书，这本书他非常喜欢，便决定把这本书抄下来，可是还书的日期马上就要到了，所以他只好连夜抄书。当时正值寒冷的冬天，滴水成冰。他的母亲对他说："孩子，都已经这么晚了，天气很冷，等到天亮再抄吧，人家也不着急看这本书。"但是宋濂却回答说："不管人家着急不着急看这本书，到了期限一定要还，这不是一个小问题，这是诚实的大问题，也是对别人的尊重。如果我说话不讲信用，失信于人，怎么可能得到别人的尊重呢？"于是宋濂连夜把书给抄完了，第二天按时把书交还了。

还有一次，宋濂要去一个很远的地方拜访一位著名的学者，而且约好了见面的时间，可是谁知道出发这一天却下起了大雪。但是宋濂还是挑起行李准备上路，这时他母亲说："孩子，这种天气怎么还能出门呢？再说了，老师那里早已经大雪封山了，你这一件旧衣服，怎么能抵抗这寒冷的天气呢！"宋濂说："妈妈，今天不出发就会耽误了拜师的日子，这样我就失约了，失约就是对老师的不尊重，所以我今天一定要上路。"当宋濂来到老师家的时候，老师很是欣赏，称赞道："孩子，诚信是最可贵的长处，你若能坚守做事诚实、守信，以后一定能够成就大事。"到了后来，宋濂果然成为了著名的散文大家。

**【释用】**

诚实是一种最可贵的长处，诚实守信也是一种高尚的品质，是我们做人必须坚持的原则。在日常生活中，诚实守信的内涵是很丰富的，它包含了责任感、对他人尊重负责等优秀的品德。随着社会的不断发展，人们越发看重诚信了。

**【小语】**

中国有句古话："人无信不立。"这里的"信"，就是信用、守信，也就是说能够按照自己事先答应别人的约定做事。如果一个人做事没有一个良好的信誉，是做不成大事的。就是在日常生活中，比如交友、学习、工作，我们也时时刻刻都离不开诚实这种美德。

古人常说"一言既出驷马难追"，讲的就是诚信。所以，如果我们做不到的事情，就不要轻易答应别人，只要答应别人的事情就一定要办到。

# 朋友切切偲偲

子路问曰:"何如斯可谓之士矣?"子曰:"切切偲偲、怡怡如也,可谓士矣。朋友切切偲偲,兄弟怡怡。"

——《论语·子路》

**【解意】**

**子路问孔子:"怎样才可以称为士呢?"孔子说:"互相敬重、切磋勉励,相处和和气气,可以算是士了。朋友之间互相敬重、切磋勉励,兄弟之间和气相处。"**

在一条水流湍急的河流上有一座高高的吊桥,桥上站着一个人。他点燃了最后一支烟,因为他马上就要离开这个人世了。

他曾经是那么的富有,现在却连一条生路都没有了。他做过很多的尝试,这样那样的都有。例如曾经注重于享受,四处游荡,寻求刺激,不仅酗酒,而且吸毒。如今的他遭受到了最后的致命打击,他离婚了。没有一个女人能够容忍他超过一个月,因为他从不付出,但要求还特别的多,只有河水才是他最好的归宿。

就在这个时候,有一个流浪汉走到了他的身旁。流浪汉穿着破烂,看到他站在黑暗中就过来对他说:"先生您好,请给我一毛钱吧。"

他笑了起来，要一毛钱？一毛钱现在能做什么？"没问题，我这里有一毛钱，老兄，我的钱还不少呢。"他掏出了钱包，"我的钱都在这儿了，全都拿去吧。"钱包里一共有一百多元钱，他全部拿出来，塞给了流浪汉。

流浪汉问他："你这是干什么？"

他回答道："没什么，因为我要去的地方，用不到这种东西。"说着向下看了看那湍急的河水。

流浪汉看着手中的钱，静静地站在那里，显得有些不知所措，然后对他说："不行，先生，我不能这样做，我虽然是个乞丐，但我并不是懦夫，我也不会要懦夫的钱。带着你的脏钱一起跳河吧。"说着将钱向河里丢去，一张张随风飘动，四处飘散，慢慢落到了黑漆漆的河水里。流浪汉转身走了，在走的同时说了一句："懦夫，再见。"

想要自我结束自己生命的那个人这时如梦初醒，他突然希望流浪汉能够得到那些被丢掉的钱。他以前从来都没有付出过，现在他尝试过了，突然感觉付出能够使自己快乐。

他最后看了一眼河水，然后离开了那座桥，向着流浪汉消失的方向走去，去追赶前面的流浪汉……

### 【释用】

君子之间不是没有是非，也不是不讲是非。人和人肯定是要有所区别的，生活环境和经历的不同，对同一件事情的看法肯定会有所不同。既然有观点上的不同，那么必然也会产生矛盾和冲突，这些都是正常的现象。

君子之间绝对不会强求相同，更不要昧着良心说瞎话。如果明明看到对方错了，但是也不指出，反而在一边说风凉话、看热闹，这样的人肯定算不上君子了。所以君子之间也是要争论的，甚至争论起来更为激烈。比如对学术的争论，我们经常会看到许多大师在学术上争论，那真的是寸土必争，毫不相让。

做人要懂得付出，付出就有回报，真诚的付出能让你收获快乐。心底无私天自宽，一个心里只有自己的人，只会将路走得越来越远，直到陷入绝境为止。对人真诚的人才能体会到生活的意义。真诚付出爱心的人才能真正地拥有一片属于自己的快乐天空。

# 君子易事而难说也

子曰："君子易事而难说也。说之不以道，不说也；及其使人也，器之。小人难事而易说也。说之虽不以道，说也；及其使人也，求备焉。"

——《论语·子路》

孔子说："君子容易侍奉，但是难以使他满意。要使他满意而不用正道，他是不会满意的；等到他使用其他人的时候，则总是看重别人的才能。小人难侍奉，却容易使他满意。要使他喜欢，即使不用正道，他也会满意；等到他使用人的时候，却是求全责备。"

赵高本是秦二世胡亥的老师。在谋权篡位以后，又设计除掉了丞相李斯，最终官拜丞相，朝中"事无大小，辄决于高"。可以说赵高为了达到自己篡位的目的，在宫中导演了一幕幕闹剧。

　　有一天，赵高把一头鹿牵入宫中献给胡亥，但是却故意说："我把这匹马献给陛下。"秦二世一看，便笑着说："丞相错了，怎么把鹿说成马呢？"说完，还问左右的人。

　　当时有许多人奉承赵高，谎说是马，但有一些人并未作声，只有几个人据实说是鹿。秦二世听完之后，以为自己生病了，才错把马看成鹿，于是就把宫中掌管占卜推算的人找来，让他们为自己算了一卦。

　　当时算卦的人受赵高的指使，便故意按照赵高的意思对胡亥说："陛下在春秋季节祭祀天赐，尊奉宗庙鬼神之时，斋戒不认真，未严格恪守禁忌，所以才导致今天鹿马不分。现在你应该按照至圣大德的做法，严肃认真地行斋戒之礼。"

　　结果胡亥听信了算卦人的话，便去上林苑中行斋戒之礼。结果当秦二世一走，赵高就把那些据实说是鹿的人抓起来一一除掉了。从此之后，秦宫上下更是噤若寒蝉，而赵高篡位则已经如囊中取物一般了。

　　其实，这个时候的秦王朝实际上已经处于风雨飘摇之中了。在秦宫上下，人人缄口，个个都看赵高的眼色行事，听凭他为所欲为。

　　宫外则是一片烽火连天。陈胜、吴广领导的农民起义的熊熊烈火燃遍了关东大地。赵高想苟延残喘，决定采取先发制人的办法，发动政变，废黜秦二世。

　　最后，当赵高的女婿阎乐带领士兵闯入宫中的时候，秦二世才如梦方醒，发现自己大势已去。这个时候他责问宦官说："你们为什么不把真情早点告诉我，以致弄到今天这个地步？"可是宦官却壮着胆子说："正是因为我没敢把真情说出来，才能够活到今天，假如我说了，就活不到今天了。"

阎乐闯进宫中之后，逼迫秦二世自尽。这个时候的秦二世才明白今天逼他自尽的正是他往日无比尊敬和信赖的丞相赵高了。

虽然这个时候他痛心疾首，悔怨交加，但是却已经无回天之力了。秦二世只得咬紧牙关，睁眼望了一下巍峨的宫殿和怒目逼视自己的阎乐等人，拔出宝剑，结束了企图传之万代的皇帝梦。

**【释用】**

在孔子的心目当中，君子应该是善良的人、高尚的人、与人很容易和谐相处的人。君子表面上看起来也许不容易接近，用不正当的手段更是很难讨好，但是在关键时刻则是看重他人的才能，绝不会故意刁难别人。

可是小人却恰好相反。小人表面上看起来很容易接近，但在关键时候却喜欢刁难人，对人求全责备。

所以，在日常生活中，我们更应该分清何为君子，何为小人，并且有意识地接近君子，远离小人。与君子接近，我们能够学到一些对自己有益的东西，势必对自己的发展有极大好处。可是同小人接近，弄不好会发生城门失火，殃及池鱼的事件，因为小人是没有前途的，他们的所作所为更是经不起时间的考验。

**【小语】**

什么是君子？君子是在你最需要帮助的时候，帮助你的人。什么是小人，小人是在关键时刻加害于你的人。与君子接近，能使自己获得机会，得到发展，与小人接近，则会是非混淆，黑白颠倒，不但祸害别人，最终会祸害到自己的头上。

# 君子有诸己，而后求诸人

> 君子有诸己，而后求诸人。
>
> ——《大学》

## 【解意】

**品德高尚的人，总是自己先做到。然后才要求别人做到。**

春秋战国时期的名相晏子，不轻易交友，但他的朋友却很多，又都情深义重，甚至有人甘愿为他付出生命，北郭骚就是其中的一个。因为晏子曾经送了些粮食给北郭骚，养活了他的母亲，所以当晏子有难时，不惜以生命为代价，替晏子洗清冤屈。

晏子是我国春秋后期一位重要的政治家、思想家、外交家。他机智过人，能言善辩，体恤百姓，忠于国家，深得人民敬爱。

在晏子任齐国宰相的时候，齐国有个叫北郭骚的名士，为人仗义，是个出了名的大孝子。因为家境贫寒，靠结捕兽网、编蒲苇、织麻鞋为业来奉养他的母亲，但仍不足以维持生计。他听说晏子礼贤下士，宽厚待人，所以就去求见晏子，说："我一直很仰慕先生的仁义。希望得到先生的帮助以奉养母亲。"晏子久闻其名，觉得他人品好，不但热情地接待了他，还派人送了些粮食，金钱给他，可北郭骚谢绝了金钱，只收下了粮食。从此两人便成了好朋友。

月有阴晴圆缺，人有旦夕祸福。过了不久，晏子被小人进谗言，遭齐景公猜忌，难以继续留在齐国，晏子逃亡他国，途经北郭骚家便特意停留告别，并详细讲述了自己的不幸遭遇，可北郭骚只是说了一句"请好自为之"。

没有想到的是，晏子走后，北郭骚找来他的朋友，说："我敬重晏子的仁义，与之相交。曾向他乞求帮助奉养老母。我听说，对奉养过自己父母的人，要替他承担危难。如今晏子受到国君的无端猜忌，我将用自己的性命为他洗清冤屈。"于是，北郭骚换好衣冠，请朋友携剑和竹筐跟随，前往皇宫觐见齐景公。

北郭骚与其友人来到宫廷门前。恳求通报的官吏说："晏子是天下最好的宰相，却遭受谗言，现在要离齐国而去，这是齐国的不幸。敌人一定会趁机入侵，齐国必定遭受大乱。我不想看见国家生灵涂炭，所以我愿以头颅向国君证明晏子的清白。"接着对他的朋友说，"请把我的头装在筐中，捧过去托付给那个官吏。"说罢，退下几步自刎而死。于是，他的朋友含着热泪，捧着装了头的竹筐走过去，对那个官吏说："这位北郭先生是为国家而死的，我将为北郭先生而死。"说罢，也退下几步自刎而死。

齐景公听说宫廷外一下死了两位义士，而且都是因为晏子，不禁大惊失色！景公生怕事态扩大，失去民心，便亲自乘着马车去追赶晏子，在国境线边缘赶上晏子，请求晏子回去。

只因为晏子曾经帮助北郭骚养活他的母亲，北郭骚就以生命为代价，为晏子澄清冤屈。既说明了北郭骚讲义气，又表明晏子深得人心。孔子非常佩服晏子交朋友的态度，因为晏子能让友谊地久天长。时间愈久，友情就越深。晏子之所以能让友情地久天长的要诀是他奉行"久而敬之"这个原则。交往越久，他对人就越恭敬有礼，别人对他也越尊敬。晏子从不滥交朋友，他的朋友都是有德行的人，所以，一旦交了一个朋友，那就是一辈子的友情。

**【释用】**

现实中的我们，没有几个能对朋友"久而敬之"的，往往都是交了新朋友就忘记联系老朋友，所谓的朋友很多，但交情深的又能有几个？而且我们对待友情往往有这样的误解，尤其是对关系亲密的朋友，认为："挚友之间不需要讲究礼仪，因为好朋友之间就如同兄弟姐妹，讲究礼仪就显得亲疏不分、十分见外了。"所以在亲密的友人面前经常口不择言，殊不知在不知不觉间伤了感情，留下永远的伤疤。

**【小语】**

朋友之间再熟悉、再亲密，也不能不恭不敬，否则，默契和平衡将被打破，友好关系将不复存在。维持朋友亲密关系的最好办法是往来有节，互不干涉，"久而敬之"才能天长地久。

友谊能否长存是以相互尊重为前提的，容不得半点强求。你敬朋友一尺，他才会敬你一丈。那些只懂一味索取的人，早晚会被朋友抛弃，因为没有人愿意当你的"提款机"。

# 君子怀德， 小人怀土

子曰："君子怀德，小人怀土；君子怀刑，小人怀惠。"

——《论语·里仁》

【解意】

**孔子说："君子想的是怎样推行仁德，小人想的则是怎样得到一个安逸之处；君子想的是怎样才能不触犯刑法，小人想的则是怎样才能对自己有利。"**

一户人家雇佣了一位来自乡下的小保姆。由于这位小保姆为人朴实，干活干净利索，所以很受女主人的欢迎。但是女主人生性多疑，还是担心这个小保姆的手脚不干净，于是就打算在试用期的最后几天找个办法来试一试她。

在一天早晨，小保姆起来之后准备去做饭了，结果就在房间的门口捡到了1元钱，她想这肯定是女主人不注意掉下的，于是就把钱放在了客厅的茶几上。

可是谁知道第二天早晨，小保姆又在房间门口捡到了5元钱，这让她觉得很奇怪，她开始怀疑是不是女主人故意试探自己。但是小保姆的这种想法只是在脑袋当中一闪而过，因为女主人是一个知书达理的人，

第三课 与人交往：择其善者而从之，其不善者而改之

不可能做出这种事情。于是小保姆一边这样想，一边又把这 5 元钱放在了客厅茶几上面，但是这次她留了一个心眼。

到了晚上，小保姆假装睡下了，可是没有过多长时间，只见女主人就从自己的卧室轻手轻脚地来到客厅，当看见 5 元钱还在，非常高兴地把钱放进了自己的钱包里。当时小保姆看了非常的气愤，她觉得女主人侮辱了自己的人格，于是她决定也要试探女主人一下。

等到第二天早晨，小保姆又在自己的房间门口发现了 10 元钱，这一次小保姆笑了笑就把钱放进了自己的口袋里。等到中午的时候，小保姆把这 10 元钱悄悄地放在了楼道里面。

等到中午女主人下班回来，发现楼道里面竟然有 10 元钱，她看了看周围没有人，就把这 10 元钱放进了自己的口袋里。而这一切都被在角落里的小保姆看见了。其实这位女主人之所以总是怀疑别人，就是因为她也是一个非常自私的人。

结果等到晚上下班回来，女主人就向领导一样找小保姆进行谈话，既严肃又讥讽地批评小保姆做人不诚实，如果能够痛改前非的话，那么可以继续雇佣她。

但是小保姆听完女主人的话之后就假装糊涂地问道："您说的是不是因为我拿了您 10 元钱的事情？""是的。"女主人回答说，"你还好意思问我，你难道不觉得自己做的不对吗？"

当小保姆听完女主人的问话之后摇了摇头说道："不，我觉得自己没有什么错，因为我已经把捡到的 10 元钱还给你了。"女主人听完之后，一脸诧异的表情："怎么可能，你什么时候还给我了？"这个时候小保姆底气十足地大声说道："就是在今天中午，在楼道里面……"当女主人一听到"楼道"两个字，顿时明白了，而此时她简直是尴尬得下不来台。

· 77 ·

我们知道有些人非常麻烦，如果是一般的事情，我们还是能躲就躲，能忍耐就忍耐。可是如果一旦涉及做人的原则问题，那么我们就不要有太多的顾忌。

其实我们总是说一些原则性的问题是绝对不能让步的，可是在很多情况下，明明是自己的尊严已经被别人侵犯了，却还是不知道如何反击，到头来只能落得一个白白受气的下场。

特别是有的时候，一些人侮辱了我们的人格，而此时如果我们能够对这种人来一个致命的反击，那么可能会收到意想不到的效果。

我们做人要懂得玄机，对待小人不能过于善良，要有一种"害人之心不可有，防人之心不可无"的心态。

我们常说的原则性问题无非就是两种：第一是尊严；第二是利益。而尊严又可以称为是精神上的原则；利益则很明显是指物质上的。当我们的尊严和利益受到别人的侵犯，甚至是损害的时候，就会感到万分痛苦，难以忍受，所以我们要有"士可杀不可辱"的气概。

# 忠告而善导之，不可则止

子贡问友。子曰："忠告而善导之，不可则止，毋自辱也。"

——《论语·颜渊》

## 【解意】

子贡向孔子问交友的原则。孔子说："忠心地劝告他，好好地引导他，他不听就算了，不要再自取其辱。"

三国时代，当袁绍已经打定主意，铁定了心要讨伐曹操的时候，田丰却不知进退，死谏袁绍不可以对曹操用兵，并且还指出了袁绍的一连串弱点。

袁绍对众文武说："我很久之前就打算进兵许都，讨伐曹操，但是一直没有找到合适的时机，现在正好赶上春暖花开的时机，恰是出兵的大好时机！"于是就与众文武商议破曹之策。

当时田丰还没有等到众人开口，就立即劝谏道："前一时期曹操攻打徐州的时候，许都很空虚，那个时候咱们没去袭击许都，已经错过用兵良机。如今徐州已被曹操拿下了，曹军的士气正盛，咱们可不要轻敌啊！不如再好好观察一段时间，等发现了漏洞再乘机夺取。"

袁绍眨巴眨巴眼睛说："让我再考虑考虑吧。"

其实袁绍考虑什么呢，他并没有考虑田丰的建议，而是在考虑如何才能够反击田丰，他扭头的时候一下子就看到了坐在旁边的刘备，心想刘备的家眷在曹操手里，他肯定赞成我攻打曹操，于是便问刘备说："田丰劝我固守，你有什么看法？"

刘备说："曹操是个欺君的恶贼，明公您如果不出兵讨伐他，恐怕是有失大义于天下啊。"袁绍一听马上就表扬刘备道："你说得太好了。"当即就准备部署用兵之事。

田丰一看自己的良苦用心没有获得认可，立马又再一次规谏。可是袁绍没有等到他说完就勃然大怒，说："你这等文弱书生就是轻视和害怕用兵，这是害我失去大义啊！"

田丰一听袁绍已完全拒绝了他的建议，还是不肯善罢甘休，进而捶胸顿足地说："你如果不听我的建议，出兵必败无疑！"袁绍听完之后大怒，当时就想把他杀了。经过刘备劝止才没有杀他，把他囚于狱中。

田丰的意见真的是非常中肯的，本来田丰也是为其江山社稷着想，可是由于袁绍主意已定。对于反复的阻谏，袁绍在刚开始的时候还是能够忍受的，但是最后终于不堪忍受，便下令将田丰关入大牢听候发落。

后来战局果然如田丰所料，袁绍战败而归。当田丰听到狱卒兴冲冲跑来告诉他："我军大败而回，主公定会记起先生先见之明而重用先生。"田丰却叹道："吾命休矣，因为袁绍外宽而内忌，一定会羞于见我，必杀而后快。"袁绍回来后真的就把田丰给杀了。

#### 【释用】

在《论语》中有这样一段：子贡问孔子，怎样对待朋友。孔子回答："对待朋友的错误要忠诚地劝告他，恰当地引导他，如果不听也就罢了，不要自取其辱。"另外，孔子也说过："可与言而不与之言，失人也。"意思是说：应该和朋友谈的话，但是却不同他谈，这样做会失掉朋友。

　　我们可以细想一下，这两句话其实是我们处理大部分人际关系的重要准则。朋友之间就是这个道理，夫妻之间难道不也还是这个道理吗？作为老师，用之来处理师生关系，同样也是非常适用的。

　　孔子与学生交谈的时候，从来都是温文尔雅，非常谦和的。所以师生之道便是朋友之道。其实，每个人都是一个独立个性的主体，"忠告而善导之，不可则止"，这就是对个体的尊重。要想让一个人能够真正地进步或改正错误，要靠个体自己的认识，而不是别人强制措施。看到朋友做得不对的事，你要真心地劝告，善意地引导。

### 【小语】

　　孔子的"中庸"是适可而止、恰如其分；是"殊途同归"；是处理事情时的分寸感，"不要使行动突破质的规定性"。现如今，企业领导者进行管理决策就更应该体现热爱和追求"共赢"的模式。

　　在中国文化当中，友道的精神在于"规过劝善"，这才是朋友的真正价值所在，有了错误相互纠正，彼此之间能够互相勉励，这才是真正的朋友。但是规过劝善，也有一定的限度。特别是一起共事的朋友，我们更应该注意。

　　我们在历史上看到很多，知道实不可为，只好明智地走开，走了以后，起码还能保持朋友的感情。如若不然，恐怕以后连朋友都无法做了。

# 晏平仲善与人交，久而敬之

子曰："晏平仲善与人交，久而敬之。"

——《论语·公冶长》

**【解意】**

**孔子说："晏平仲善于跟别人交朋友，交往越久，别人越尊敬他。"**

在美国的纽约，有一位老师，她决定告诉她的学生，他们有多么的重要，从而对他们进行鼓励。她决定采用这样一种做法，就是将学生们逐一叫到讲台上，然后告诉大家这位同学对整个班级和她的重要性，再给每人发一条蓝色缎带，缎带上写着"我是重要的"五个大字。

之后，这位老师还想在班上进行一下研究，来看看这样的行动对一个社区会造成什么样的冲击。她给每个学生 5 个缎带别针，让他们出去给别人做相同的感谢仪式，然后观察会产生什么样的效果，规定时间为一个星期，到时候回班级进行报告。

有一个男生到附近的一家公司去找一位曾经帮助他完成生活规划的

年轻主管。那个男生在他的衬衫上别了一条蓝色缎带，并且还多给他了两个别针，并对这位年轻的主管解释说："我们正在做一项研究，我们必须出去把蓝色缎带送给感谢和尊敬的人，这里还有几个多余的别针，你也可以向别人进行相同的感谢仪式。过几天我再过来，到时候告诉我这样做所产生的效果。"

第二天，这位年轻的主管去看他的老板。他的老板是个不易相处，并且容易发怒的人，但却极富才华，他向老板表示十分仰慕他的创造天分，老板听到他的夸奖之后感到十分的惊讶。这个年轻主管接着要求他接受蓝色缎带，并允许他帮他用别针别上。老板在吃惊之余，很爽快地答应了。

那位年轻的主管将缎带别在了老板胸口的位置，然后将剩下的别针送给老板，并对老板说道："希望您能帮我个忙，请将这个缎带送给你所需要感谢的人。这是一个男孩子送我的，他正在进行一项研究。我们想让这个感谢的仪式延续下去，看看最后产生的效果是怎样的。"

当天晚上，那位老板回到家中，坐在 15 岁儿子的旁边，对儿子说道："今天发生了一件事，这件事让我感觉不可思议。我在办公室的时候，有一个年轻的同事对我说，他对我的创造天分十分的仰慕，紧接着还送给我一条蓝色的缎带。你想想，他认为我的创造天分如此值得尊重，并亲手将印有'我是重要的'的缎带别在了我外衣的胸口位置。他还另外送给我一条蓝色的缎带和一个别针，让我将它送给自己需要感谢和尊敬的人，当我今晚开车回家时，就开始思索要把它们送给谁呢？然后我就想到了儿子你，我要感谢的人就是你。"

"在过去的这段时间里，我下班回到家里并没有花很多精力来陪你和照顾你，为此我感到非常的惭愧。有时我会因你的学习成绩不够好，房间太过脏乱而对你大吼大叫。但是今天晚上，我只想坐在这儿，让你知道你对我有多么的重要，除了你妈妈之外，你就是我这一生中最重要的人。我爱你，我的孩子。"

他的孩子听后十分的惊讶，于是开始号啕大哭，最后哭得无法自制，身体一直不停地颤抖。

他看着自己的父亲，泪流满面地说："爸爸，我以为你根本就不爱我，我原本计划明天要自杀的，现在看来根本没有那个必要了。"

**【释用】**

很多人开始与别人交往的时候，以为能够与他成为朋友；但是随着交往的深入，发现对方的缺点渐渐暴露出来，不能令人"敬"，自然就不想与他交朋友了。

朋友关系的存续就是以相互尊重为前提的，容不得半点强求、干涉和控制。彼此之间情趣相投、脾气对味，则合、则交；反之，则离、则绝。朋友之间再熟悉、再亲密，也不能随便过头、不恭不敬，否则，默契和平衡将被打破，友好关系将不复存在。

和谐深沉的交往，更是需要以充沛的感情为纽带。这种感情显然不是矫揉造作的，而是真诚地自然流露。每个人都希望能够拥有自己的一片私密天空，朋友之间如果过于随便就容易侵犯他人的这片禁区，从而引起隔阂和冲突。也许有的时候就是因为一件小事，可能为你们的感情埋下了破坏性的种子。

**【小语】**

尊重是一种美德，是一种需要理解的美德，是一种放在心上的美德，是一种以真诚铺垫的美德。只有做到时刻尊重他人，才能被他人所尊重。

如果你尊重别人，那么别人也就会尊重你，尊重是相互的，就好像一个人站在镜子前面一样，你笑他也笑，你哭他也哭。

关心别人、尊重别人必须具备高尚的情操和磊落的胸怀。当你用诚挚的心灵使对方在情感上感到温暖、愉悦，在精神上得到充实和满足，你就会体验到一种美好、和谐，你就会拥有许多的朋友，并获得最终的成功。

# 礼之用，和为贵

有子曰："礼之用，和为贵。先王之道，斯为美。小大由之，有所不行。知和而和，不以礼节之，亦不可行也。"

——《论语·学而》

## 【解意】

有子说："礼的应用，以和谐为贵。古代君主的治国方法，可宝贵的地方就在这里。但不论大事小事只顾按和谐的办法去做，有的时候就行不通。（这是因为）为和谐而和谐，不以礼来节制和谐，也是不可行的。"

在楚汉争霸时，季布曾是项羽麾下的战将，每次战役都是身先士卒，率领部队冲锋陷阵，多少次冲入敌军夺旗斩将，几次把刘邦打败，弄得刘邦非常狼狈。

有一次季布追击刘邦，差点杀死了刘邦。后来项羽被围自杀，刘邦夺取天下，当上了皇帝。可是刘邦每每想到自己败在季布手下的事情就十分生气。于是一怒之下，刘邦悬重赏全国通缉他，而且还同时下令，谁要是敢藏匿季布就诛灭九族。

可是，当时季布的为人大家都清楚，不仅正直而且还经常行侠仗义，所以有很多人都想保护他。在刚开始的时候，季布躲在好友周某的家中，过了一段时间，捉拿他的风声越来越紧。没办法，周某只好对季布说："汉王朝悬赏捉拿你的事情变得越来越紧急了，士兵追踪搜查就要到我家来了，将军您能够听从我的话，我就给您献个计策；如果不能，我情愿先自杀。"季布听完他的话，同意了这个计策以求自保。于是他让季布把头发剃掉，穿上粗布衣服，装扮成奴仆的样子，卖身到朱家为奴。

其实，朱家心里很清楚，知道这个人就是季布，于是朱家便买下了季布，并且把他安置在田地里耕作，而且还告诫自己的儿子说："田间耕作的事，都要听从这个佣人的吩咐，一定要和他吃同样的饭。"

朱家的主人对季布非常欣赏，还专程去洛阳请刘邦的好朋友汝阴侯滕公向刘邦说情，希望能撤销追杀季布的通缉令。当时汝阴侯滕公听了朱家的话，也知道季布的为人，于是就明白了，原来季布是躲藏在朱家，之后便答应了朱家的请求。

后来，滕公果然等待机会将这件事奏明了皇上，终于使刘邦赦免了季布，还封他为郎中。不久又任命他为河东太守。

季布，一个战场上的英雄，为什么甘心为奴，显得如此卑贱，在别人看来一点志气都没有呢？就是因为他懂得能屈能伸的道理，懂得在逆境中寻求再次崛起的时机，所以最终成了汉代的名将。

## 【释用】

我们不得不说以屈求伸是一种本领，更是一种智慧，这种大智慧能够巧妙地战胜敌人。凡是真正的成功者，在做事情的时候干练、迅捷，不为感情所左右；而在退避时，又能够审时度势，全身而退，之后定会抓住最佳机会东山再起。

有人说"不食嗟来之食"是有骨气、有自尊的表现，固然这种精神令人折服，但是如果忍一时之气，来日方长，能屈能伸不是更令人佩服，令人景仰吗？

## 【小语】

你如果想让自己的人生道路顺畅通达，要证明自己，那么你首先要做到能屈能伸。

俗话说："大丈夫能屈能伸。"也就是说只有能屈能伸的人才算得上是"大丈夫"。能屈能伸，以屈求伸，说明无论是"屈"还是"伸"都是我们每个人的主动行为，"屈"仅仅是一种手段，而"伸"才是目的，以屈求伸目的是退一步进两步。

所以，无论是在工作中还是感情上我们都应该做到来日方长，要学会能屈能伸，刚柔并济，以一个广阔的胸襟来适应这个社会。特别是自己在处于弱势的时候，应该懂得用示弱的办法进行自保，以退求进，以屈求伸，这才是真正的大智慧。

# 里仁为美， 择不处仁， 焉得知

【解意】

**孔子说："居住在有仁厚风气的地方才好。只选择住处而不选择有仁厚风气的地方，这怎么能算聪明呢？"**

在孟子小的时候，他的家住在一片坟地旁边，孟子就开始玩一些哭丧、埋人之类的游戏。而孟子的母亲认为这种环境非常不利于孩子的成长，于是就举家搬迁到一个集镇上住了下来，结果孟子又开始玩一些做买卖的游戏。孟子的母亲还是觉得不满意，又迁居到了一所学校的旁边，这一次孟子受到了良好的影响，逐渐变成了勤奋好学、彬彬有礼的好孩子。

记得在晋代文学家和哲学家傅玄的《太子少傅箴》中说："近朱者赤，近墨者黑；声和则响清，形正则影直。"这四句话其实说的就是环境影响的作用：一个人生活在好的环境当中，就能够受到好的影响；生活在坏的环境里，就经常会受到坏的影响。形体端正的"影"一定直而不歪；声调和谐的"响"一定清而不乱。换句话说，同品德高尚的人相处在一起，就一定能够受到良好的影响。

春秋战国时期的思想家墨子见染丝者而叹曰："染于苍则苍，染于黄则黄。五人为五色，不可不慎也。非独染丝，治国亦然。"其实说的也是环境影响人。

在清朝，当时的安徽桐城有一个著名的家族，父子两代为相，权势显赫，这就是张英、张廷玉父子。

清康熙年间，张英在朝廷任文华殿大学士、礼部尚书。而在老家桐城的老宅与吴家为邻，两家府邸之间有个通道，供双方来往交通使用。

后来邻居吴家需要建房，要占用这个通道，张家不同意，双方就将官司打到县衙门。县官考虑纠纷双方都是官位显赫、名门望族，不敢轻易决断。

在这期间，张家人写了一封信给当时正在北京当大官的张英，要求张英出面，干涉这件事。张英收到信件之后，认为应该谦让邻里，于是给家里的回信中写了四句话："千里来书只为墙，让他三尺又何妨？万里长城今犹在，不见当年秦始皇。"家人读完之后，明白了其中的意思，就主动让吴家三尺空地。吴家见状，深受感动，也主动让出三尺房基地，这样就形成了一个六尺宽的巷子，两家礼让之举最后传为千古美谈。

**【释用】**

孔子的"里仁为美"强调了环境对人的重要影响，具体到现实生活中就是如何搞好邻里关系。任何一个家庭都不是孤零零存在的，总会有左邻右舍。邻里相处，建立在共同住地的基础上，在日常生活的领域发生多方面的互助关系，邻里交往显然是非常密切的。每个家庭都希望能够搞好邻里关系，于人家方便，对自己也有利。

但是邻居住在一起，也难免会闹一些矛盾和误会。一旦发生矛盾之后，邻居之间应该互相谦让，及时处理，使矛盾不致扩大，特别是对待邻居切忌蛮不讲理，恃势逞强。

### 【小语】

在日常生活中，邻居之间应该互相帮助，邻里相处的过程，不能只图自家方便，自己占便宜。城市居民，左邻右舍，楼上楼下仅一墙或一层楼板之隔，太大的声响都会影响邻居。

所以日常生活中，要多加注意。比如家庭聚会，不要高声喧哗，举办家庭舞会也要尽量避免影响邻居。听广播、看电视应该把音量尽可能放小，特别是在午间或夜里的休息时间更应注意。

俗话说，"让人一步自己宽"。当两家的孩子发生争执之后，首先要批评自己的孩子，即使自己的孩子吃了亏，被对方打了，而且自己的孩子又有理，也不要对打人的孩子吼叫，这样就显得大人太没有涵养了。你完全可以找到打人孩子的父母说明情况，这才是一个大人正确处理孩子之间矛盾的正确方法。

# 第四课 管理之道：
## 以德服人治天下

管理之道，难于上青天，一个管理者需要处理好几个方面的关系：与上级的关系、与下级的关系、与同事的关系。如何配合自己的上司，如何管理自己的下属，如何应对同事之间的关系。

我们看孔子的一生，虽然他的仕途并不是一帆风顺，但是这并不意味着他不懂得管理的学问，相反，孔子的许多管理学问都是值得后人不断学习和借鉴的。

# 视其所以， 观其所由， 察其所安

子曰： "视其所以，观其所由，察其所安，人焉廋哉？人焉
廋哉！"

——《论语·为政》

## 【解意】

**孔子说："要了解一个人，可以看他为什么要做这件事，观察他到底是如何去做的，还要看他做这件事的时候是怎么想的。如此这个人怎么还能隐藏得住呢？"**

战国时期的寒士范雎，因为才能出众，受到了魏大夫须贾的诬陷，最后被痛打了一顿，险些丧命。后来，范雎在秦国人王稽的帮助下寻找机会成功逃脱，并且躲藏在了王稽的车里悄悄逃离了魏国。

当车子行驶到湖关，范雎看见有大队车骑从西边赶来，原来是秦相穰侯东巡县邑。范雎说："我听说穰侯在秦国专权，最讨厌人接纳其他国家诸侯的宾客，如果被他发现恐怕会羞辱我，我还是躲在车子里吧。"

一会儿穰侯来了，见了王稽，就下车来打招呼，并询问王稽："关东有什么大事情发生吗？"王稽说："没有。"

穰侯又说："你去见魏君，没有带魏国的宾客一起回来吗？其实这

些四处游说的宾客真的是一点用也没有，只知道扰乱别人的国家而已。"

王稽说："我不敢这么做。"

穰侯走后，范雎才出来说道："穰侯是个聪明人，他想事情想得较慢，刚才怀疑车里有人，但是却忘了搜查，一定会后悔的。"

于是范雎决定下车步行，走了数里之后，果然看见穰侯派骑兵回来进行搜查，最后发现没有宾客才罢休，范雎之后才和王稽进入了咸阳城。

在咸阳城，穰侯与范雎两个人就好像是两个对弈中的棋手，穰侯走出的每一步，都在范雎的掌握之中，所以才会处处失去先机。

## 【释用】

所谓贤明的人，其实就是那些对形势的发展有着正确而明晰判断的人，由于这样的人能够在混乱的局势中把握住事物的发展规律，往往能够做出主动性的决策。

而观人研事，料敌先机，抢先一步，先发制人，这其实就是依据孔子提到的三点。当我们评判一个人的时候，只要注意这三点就够了：看他想要达到什么样的目的，看他的动机是什么，看他所信奉的人生准则是什么。如果把这三个问题分析明白了，那么他还有什么能够逃脱出你的观察呢？

## 【小语】

近几年西方非常流行的博弈论认为，人在社会当中的活动是一个无限猜度的过程，这个过程就是社会上每一个人根据别人的选择，来做出自己的决策，而别人也是这样。说到底，就是把对方对自己的猜度因素考虑在内，并且能够依据猜度的结果做出决策。如果你能够在这个猜度游戏当中占据上风，那么你就可以掌握主动，反之，则会受制于人。

# 何如斯可以从政矣

子张问孔子曰："何如斯可以从政矣?"子曰："尊五美,屏四恶,斯可以从政矣。"

——《论语·尧曰》

**【解意】**

**子张问孔子说:"怎样才可以治理政事呢?"孔子说:"尊重五种美德,排除四种恶政,这样就可以治理政事了。"**

在微软公司,比尔·盖茨是一个宽于待人的人。在对下属职工讲演时,他说:"如果你觉得你的老板很凶,等你当了老板就知道了,老板是没有工作任期保障的。"这并不是他要为自己开脱什么罪名,而是要告诉所有的员工们,不论做什么事情,都要学着宽以待人。学着站在对方的角度去考虑问题,你就能很快地理解对方的良苦用心了,因此也就不会因为他的行事方式而让自己生气。

出生于汽车城底特律的史蒂夫·鲍默尔是比尔·盖茨的好朋友。这位被称之为"微软坏小子"的人物,是比尔·盖茨在哈佛的校友,两个人因为打牌而相识,后来又因为工作的关系而成为了惺惺相惜的好朋友。

史蒂夫在获得了哈佛大学的学位之后,又考上了斯坦福商学院。

1978 年的时候，史蒂夫因为工作的关系而见到了此时已经成为了微软总裁的比尔·盖茨。比尔·盖茨知道自己老朋友的能力所在，所以他力邀史蒂夫来微软为自己工作。可是，史蒂夫却拒绝了比尔·盖茨的邀请。

第二年，史蒂夫已经前前后后换了几个工作了。这一次在西雅图，两个人又见面了。比尔·盖茨明确地对史蒂夫说："你来微软公司吧，我们需要一个经理。"史蒂夫没有当场拒绝，他以自己还需要考虑为由而把话题带过了。

其实，并不是史蒂夫不需要这份工作。人们猜测，他可能是担心自己在微软公司受不到重用，所以才会把这件事情一拖再拖。直到 1980 年初，比尔·盖茨专程把史蒂夫请到了微软公司的总部，并且答应了给他经理的职位，他才最终入驻微软公司。为此事，比尔·盖茨还专门请了自己的父母来帮忙劝说史蒂夫，并且给了他半年的期限去处理自己的事务。

甚至直到后来，比尔·盖茨把自己首席执行官的位置让给了史蒂夫，而自己只担当了首席设计师的职位。因为，他看到了史蒂夫身上具备的商业头脑和管理才能，这恰恰正是自己所欠缺的。因此，在对待史蒂夫这件事情上，比尔·盖茨尽自己最大的努力做到了宽以待人，不去计较一丝一毫的小利，而是用自己的诚心和微软公司的实力作为谈判的砝码，才最终赢得了史蒂夫的心。

"拥有一个你完全信任的人，一个可以委以重任的人，一个为你分忧解难的人，一个具备多种本领而且肯来帮助你的人，这是十分重要的。"这句话正是比尔·盖茨宽以待人的真实写照。

相反，在对待自身的问题上，比尔·盖茨从来没有松懈过。严于律己，是通往成功的一个基本法则。只有严格要求自己，才能让自己不被各种诱惑所吸引，才能够克服懒惰和贪婪等坏习惯，使自己达到更上一层楼的高度。

青年盖茨在 1970 年代早期，写了一封著名的《致爱好者的公开信》，震惊了计算机界。盖茨宣称计算机软件将会是一个巨大的商业市场，计算机爱好者们不应该在未获得原作者同意的情况下随意复制电脑程序。当时的计算机界受到黑客文化影响，认为创意与知识应该被共享。盖茨随后离开校园，一手创办了世界上最成功的企业之一——微软公司，并逐渐将软件产业化。

盖茨严格要求自己不做黑客，尽管他有着常人难以达到的计算机技术，但是却能做到洁身自好，从而为保护计算机产业的技术和创意提供了范例。

### 【释用】

严于律己，宽以待人——这是古人的一种思想和主张。很多人都把这句话视为金玉良言，不但用来自我反省，而且还会用来激励他人。宽以待人也是一种美德的体现，它不仅是博大的胸襟，宽广的胸怀，更是一种高贵的自信，同时它还是一种难得的团队合作精神的展现；严于律己则要求自己做一个负责任的人，对学习负责、对工作负责、对社会负责、对生活负责，同时还要对他人负责。只有以更高、更严格的标准来要求自己，才能够在学习和生活之中取得进步和更大的发展。

### 【小语】

宽以待人，严于律己，是我们的孩子在成长之中必须要学会的交际法则和自我约束能力。"严于律己"是一种严谨求实的学习态度，是一种积极向上的精神，"宽以待人"是一种谦逊有礼的风貌，是一种胸怀宽广的品质。只有做到这两点，才能真正体现出一个人完美的精神风貌。

宽以待人要求我们做事问心无愧、坦坦荡荡，在先人后己的同时，还要学会换位思考，宽容地对待他人；严于律己要求我们对待自身要严格认真、一丝不苟，不论做什么事情，都要力求做到最好，尽自己最大的努力才算是一个终结。只有把宽以待人和严于律己有效地结合起来，才能够成就一份令人瞩目的辉煌。

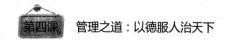

# 子帅以正，孰敢不正

> 季康子问政于孔子，孔子对曰："政者，正也。子帅以正，孰
> 敢不正？"
>
> ——《论语·颜渊》

## 【解意】

**季康子向孔子问政。孔子说："所谓政治，就是正直。您以正直做表率，谁还敢不正直？"**

在几年之前，有一次在研讨班上，有一千多名职业销售人员参加。在培训中途休息的时候，一位销售员来到博恩·崔西面前，给他讲了一个很有意思的故事。

其实当时，博恩·崔西就明白他的成功源于他的外表。因为他穿着适当，修饰得体，自信、积极、放松，有很强的亲和力。这也是他对自己之所以能够成功进行的总结。

这个人还告诉博恩·崔西，他在刚开始工作的时候，是与初级销售人员混在一起的。在起初的半年时间里，他注意到公司里面有四位非常出色的销售人员，而且他们似乎只是互相来往，不怎么与其他销售人员待在一块。

结果这个人他仔细观察了一下初级销售人员，当然也包括他自己，还有那些顶尖销售人员，就立刻察觉到一件事情。这些顶级的销售人员穿得要比他们这些初级销售人员好很多，这样的打扮让他们看起来非常潇洒时尚，更显得职业，客户一眼就会认定他们是成功人士。

结果有一天，他问其中一位顶尖的销售人员，自己应做些什么事情才能更加成功。这位销售人员问他是否正在使用时间管理法。

和我们想的一样，他根本就没有听别人说过这个时间管理法。而那个成功的销售人员就讲了自己正在使用的方法，还跟他说了在哪里能找到这种方法。

最后他找了，而且还用上了。就这样，他利用时间的效率开始提高了。

从此之后，他开始按照顶级销售人员的样子来塑造自己。他不仅向他们请教读什么和听什么，他还观察他们的一举一动，把他们当成自己的榜样。

在每天出门上班之前，他都会站在镜子前问自己："我看起来像公司的顶级销售员吗？"

他对自己的要求非常严格，特别是关于自己的穿着打扮。如果他发现自己看起来不像顶级销售员，那么他就会不停地换衣服，重新打扮自己，直到看起来像为止。这个时候，他才会出发去工作。

一年之后，他就成为部门里面杰出的销售人员，而以后他也常跟其他的优秀销售人员打交道，他已经变得和他们一样了。

由于他的出色销售业绩，他受邀参加全国销售大会。在大会上，他做了一件非常有意义的事情。那就是在大会中途休息的时候，他走到来自全国各地的每位顶尖销售人员面前，向他们请教。

而且他们都非常高兴有人来请教自己，所以会把他们所做的、包括让自己从本领域最基层做到最优秀的一些事情都告诉给了他。当他回家后，他给他们写了感谢信，并把这些想法应用到自己的工作里。这样一来，他的销售业绩又涨了许多，远远超过了别人。

很快，他成为全州顶级的销售人员。经过 5 年的时间，他改变了自己的人生。在全国销售大会上，他应邀到台上接受奖励。在这个行业干到第 10 年的时候，他已经成了全国的顶尖销售人员。

他在给博恩·崔西说这些事情的时候，让博恩·崔西觉得很有意思。因为他告诉博恩·崔西，他自己之所以能够成功，靠得就是向其他优秀销售人员请教他们在做什么，并按照他们的做法而实践。

## 【释用】

在平时，你应该多看看自己的周围，哪些人是让你最敬佩的人？哪些人得到的东西是你想在未来几个月当中或者几年时间里得到的？当你决定要让自己成为他们的样子，那么尽可能地与他们多联系。

如果你希望知道自己怎么做才能够成为成功的人，那么就要到企业中最优秀的人那里去，请他们给你一些意见或者建议。其实，凡是成功的人士也是非常愿意帮助其他人成功的。如果你真心想要成功，那些忙于自己生活和工作的人总是会抽出时间来帮助你的。

当你向成功人士请教的时候，一定要接受他们的建议。作为成功人士，他们往往会鼓励你做一些事情，例如买书籍学习，听音频节目，参加课程，并练习自己所学的东西等。当你接受了他们的建议，而且自己也去做了之后，一定要回过头再找到这个成功人士，告诉他你都做了些什么，这样一来这个人才会给你更多的帮助。

## 【小语】

俗话说，"物以类聚，人以群分"，如果你能够与成功人士交往，那么你自然而然就会倾向于采纳他们的态度、言谈和穿着方式、工作习惯等。很快，你就会取得他们做出的那些成就。

其实，我们每个人就好像是变色龙。当我们学习与我们交往的那些成功人士的态度和举止的时候，我们会变得像这些人。而且我们也会接受他们的观点，这其实就是暗示的力量，特别是他人的观点和见解能对我们产生比较大的影响，从而改变我们的想法，甚至是认识自我的态度，以及对待生活和工作的态度。

# 名不正， 则言不顺， 言不顺， 则事不成

名不正，则言不顺；言不顺，则事不成。

——《论语·子路》

## 【解意】

**名分不正，说起话来就不顺当道理，说话不顺当道理，事情就做不成。**

公司的王经理把当月的公司生产计划交给了生产部的李丽经理，并且要求她全权负责生产计划的实施工作，当然也包括在生产计划实施过程中的人员调配、原料供给等工作。

当李丽接受到任务之后，就很快把生产计划中所需要的人员进行了调配，一些机器设备也进行了检查，工作看起来一切顺利。

就这样过去了一周时间，当公司王经理来生产部门视察的时候发现第一周的生产量就已经完成了整个生产计划的三分之一。结果王经理非常生气，就把李丽叫了过来："你说你是怎么搞的，第一个星期就完成

了这么多，工人过度劳累，机器过度磨损可怎么办？"

于是李丽就听从了王经理的意见，有意把生产速度给降低了下来，可是到了第二周的工作汇报会议上，王经理发现产量居然比第一周降低了四分之一。这一下子王经理又不愿意了，他埋怨道："小李，你说你是怎么回事，这周的产量怎么会下降这么多呢？你要加强对生产部门的管理啊，不然生产计划可能就无法按时完成了。"结果李丽听完王经理的这些话之后，真的不知道该怎么办了。

刚开始的时候李丽还特别高兴，想着自己得到了领导信任，领导把如此重要的工作让自己负责，可是自从受到了王经理的两次批评之后，李丽开始怀疑王经理是不是真的让自己全权负责，所以到了最后，李丽也没有当初那股热情了，开始主动去请示领导如何安排生产。

其实王经理并不是不想让李丽全权负责，他只是想能够督促一下李丽，让她把这项工作完成得更好，可是由于王经理的方法不当，最后给李丽造成了一种错觉，认为王经理是想自己亲自出马，从而自己没有了工作的积极性，结果工作不仅没有进步，反而朝着不好的方向发展。

### 【释用】

孔子所处的时代，已经开始了道德沦丧的加速过程。欺诈、权谋、不安其所、不遂其生、破毁秩序、荼毒天下，这些都成为了各国君主公侯的日常功课，人们更是习以为常。

孔子的政治思想与道德精神，能够与现代的契约社会相结合，但是却往往不能容于当世。孔子的"正名"，在很大程度上是一种对谎言的拨乱反正，是基于"公道—仁德"一体思想的"清议"。更是对君王公侯极为深沉、犀利的德治教化、政治监督、理性批判。如果试图从经典中寻求精神资源和思想资源，今天就应该从这个角度来理解"正名"学说的价值系统和意义系统。

授权并不是一件简单的事情，一定要掌握一些方法。如果从科学的角度来看，授权其实是一种用人的策略。

如果能够把自己手中的权力下放，从而让出色的员工感觉到自己获得领导的信任，这样就更能提升员工们工作的积极性和整个团队的凝聚力与竞争力。

充分授权就是说领导向下属授予权利的时候，并不是明确说明赋予下属哪种权利，而是让下属在工作过程中，在领导认可的范围之内自由发挥和利用好手中的权利。这样一来，下属就能够更好地实现自我，在精神上得到很大的满足，从而可以让下属一些好的想法得到展示。

当然，对于领导来说，充分授权可以减少很多自己不必要去做的事情，大大减少了工作量，节省了宝贵的时间。

# 三军可夺帅也，　匹夫不可夺志也

子曰："三军可夺帅也，匹夫不可夺志也。"

——《论语·子罕》

【解意】

孔子说："战斗中，三军的统帅可以被俘虏，但一个普通人的意志却是不能被强迫改变的。"

在 2001 年 5 月 20 日，美国有一位名叫乔治·赫伯特的推销员，成功地把一把斧子推销给了美国总统布什。当时布鲁金斯学会知道了这一消息后，把刻有"最伟大推销员"的一只金质靴子颁给了他。这是布鲁金斯学会从 1975 年以来，第二次把一件产品成功地推销给总统。第一次是一名学员把一台微型的录音机成功地推销给了尼克松总统。

布鲁金斯学会是以培养全世界最优秀的推销人员而著称于世的。关于布鲁金斯学会一直以来都有一个传统，在每学期学员毕业的时候，学会都会设计一道最能体现推销人员综合素质的题目，让学生们去完成。在克林顿执政期间，布鲁金斯学会出了这样一道题：请你把一条三角内裤推销给现任的总统。在这八年的时间里，无数的学员因为这道题而绞尽脑汁，最后大家都无功而返。等到克林顿总统任期结束后，布鲁金斯学会把题目又换了：请把一把斧子推销给现任的小布什总统。

有了前面八年的前车之鉴，许多学员都放弃了这道题目，也放弃了争夺金靴子这个奖项，而且很大一部分学员认为，这道毕业实习题目肯定会和前八年那道题目的结果一样，没有一个人能做到，因为作为一个国家的总统，他什么都不缺，再说了，就算他真的缺少了什么东西，也不可能是自己亲自购买，他的工作人员会把一切都安排妥当。

然而，乔治·赫伯特却做到了，而且他还没有花费多少的工夫。一位记者在采访乔治·赫伯特的时候问他是怎么做到的，乔治·赫伯特说："我认为，把一把斧头推销给小布什总统不是没有可能，因为小布什总统在德克萨斯州有自己的一大片农场，里面长满了许多的树木。于是我就给小布什总统写了一封信，说：'有一次，我有机会参观了您的农场，发现里面长满了许多的大树，可是令人惋惜的是有些树木已经死掉了，木质已经变得非常松软。所以，我想您一定需要一把小斧头，但是从现在您的身体状况来看，我觉得小斧头对于您来说显然是太轻了，因此我觉得您更需要一把不是很锋利的旧斧头，这种斧头是最适合砍枯树了。而现在我这正好有这么一把斧头，如果您对此有兴趣的话，请您按照信中的地址，给予回复。'后来，小布什总统就给我汇来了15美元。"

在乔治·赫伯特成功以后，布鲁金斯学会把搁置了26年的金靴子奖颁给了他。在这26年的时间里，布鲁金斯学会培养了数以万计的推销员，也造就了很多的百万、千万富翁，但是这只金靴子都没有授予他们。因为布鲁金斯学会的金靴子奖要授予那些不听天由命，不因为有人说一个目标不能实现而放弃，不因某一件事情不容易做到就失去信心的人。

**【释用】**

卢梭有一句名言："信念，是抱着坚定不移的希望与信赖，奔赴伟大荣誉之路的热烈感情。"的确如此，在大千世界里，古往今来，不论是一个人、一个组织，还是一个国家，如果他们要实现自己的目标，干出一番惊天动地的大事业，就要勇敢地面对困难与挫折，并且要有坚定的信念和坚持不懈的精神勇敢地走下去，战胜困难和艰险，只要这样就一定能够乘风破浪，驶向胜利的彼岸。

**【小语】**

不听天由命，不因为有人说某一目标不能实现而放弃，不因为某件事情难以实现而失去信心，这就是布鲁金斯学会真正要寻找的人才，也是现如今各行各业所需要的人才。

# 为政以德，譬如北辰

子曰："为政以德，譬如北辰，居其所，而众星共之。"

——《论语·为政》

## 【解意】

**孔子说："国君用品德教化来治理国家，他就会像北极星那样，泰然处在自己的位置上，其他的星辰便会自行在周围旋转运行。"**

唐朝的大臣魏征，性格耿直，以敢于直谏而留名青史。有一次，唐太宗李世民为了扩充军队，下令把征兵的年龄由十八岁到二十一岁改为十六岁以上，甚至还要强征十六岁以上不足十八岁的少年入伍。

唐太宗的这道命令必须要有魏征的签字，可是魏征拒绝了，唐太宗找到他询问理由，魏征回答说："失信于民。"唐太宗听完之后非常恼火，反问道："我有什么失信于民的？"魏征回答说："陛下即位的时候曾经下诏宣布，全部免征百姓以前拖欠的国家财物，但是下面的部门还在催缴；陛下下令已经服役、已经缴纳租调的，从明年开始可以免除，现在不仅不免除，还要征兵，这不就等于失信于民吗？"最后，正是由于魏征的努力，才让唐太宗收回了成命。

魏征的身材矮小，相貌平平，但是唐太宗却是身材魁梧，而当两个人争论起政事来，魏征总是能够激昂慷慨，根本不看唐太宗的脸色，经常让唐太宗盛怒，而殿上其他的臣子也常常为魏征捏了把汗。除了魏征之外，其他臣子是很难做到这样的，就连跟随唐太宗打天下的老臣房玄龄也不行。

有一次，唐太宗在北门皇宫区兴建房屋，这项工程本来是不在计划之内的，房玄龄知道后去问了监工的窦德泰，而窦德泰则去报告了皇帝，唐太宗训斥房玄龄道："你只管南衙的事就行了，在北门营造，与你何干？"房玄龄只得谢罪。

这个时候魏征刚好在旁边，说道："臣不明白，陛下为什么责备宰相，宰相又为什么要谢罪？"唐太宗让魏征把话说明白，魏征说："房玄龄身为宰相，为陛下的股肱耳目，如陛下有营造，他怎么可以不知道？如果是合理的营造他自当全力帮助陛下建好；如果是不合理的，就应该奏明陛下停建，这才是'君使臣，臣事君'的道理。宰相无罪，陛下反而责备他，这就是我不明白的事情，而宰相自知无罪却谢罪，这更是让我糊涂的。"

魏征总是当着大臣们的面与唐太宗争论，有的时候让唐太宗下不来台。有一天，唐太宗下朝回到宫中，怒气冲冲地说："总有一天我要杀掉这个乡巴佬。"长孙皇后听了之后就问："皇上要杀谁？"唐太宗说："魏征经常当众侮辱我。"长孙皇后听了，急忙回到室内穿上朝服出来，向唐太宗道贺，说："魏征忠直，这正是因为陛下是明君呀。"唐太宗听了之后怒气才消。

有一年，公卿大臣都主张封禅，唐太宗也认为自己的功德很高，可以封禅了，唯独魏征不同意，唐太宗问："你说我为什么不能封禅？难道是因为功不高，德不厚，国家不安吗？"

魏征回答说："陛下虽然功高，但是老百姓并没有得到恩惠；德虽厚，可是恩泽却还没有普及；天下虽然平定，但是国家还没有富裕，所以我不同意封禅。"

　　说完这些话后，魏征又用了一个身体虚弱的人来打比方，让唐太宗更加明白这个道理："封禅必然会加重老百姓的负担，即使以后每年都免除赋役，也不能抵偿百姓的劳费。如果再有水旱灾害，那么老百姓就无法生存了，等到那个时候再有人煽动叛乱，那说什么都晚了。"唐太宗听了之后无话反驳，只好作罢。

　　**【释用】**

　　孔子认为，包括为政者在内的每一个人都应该修养身心，养成高尚的品德，让自己能够焕发出人性的光彩，形成强大的感召力。而这种感召力不仅仅是有益于国家的，有益于民众的，更是有益于个人的，而这种感召力也能够传承世代，成为后世效法的楷模。

　　当我们客观而公正地学习孔子的儒学精神就会发现，孔子是以"贬天子，退诸侯，讨大夫"，简单来说，就是"讥世卿"为己任的，对为政者提出了"为政以德"的标准要求。

　　如果我们抛却成见来看孔子的德政观点：为政者要求自己以德，民众约束为政者以法，这不正是我们中华民族千百年来所追求的目标吗？

　　可见，为政以德，并不意味着排斥法律，更谈不上人治。而法律是外在的约束，道德则是内在的约束，唯有内外相合，才是真正客观的思想态度。

　　**【小语】**

　　法是一个大框子，德是全身心的，打个比方讲，如果做领导的门难进、脸难看，对群众的呼声更是充耳不闻，根本不关心民生的疾苦，这样子的领导到底犯了什么法呢？法律在这种官僚主义的面前可以说是派不上用场的，而只有用比法律更加细化的品德来约束这样的领导者，才会起到真正的作用。

# 君君，臣臣，父父，子子

【解意】

**齐景公向孔子问政事。孔子恭敬地回答说："君是君，臣是臣，父是父，子是子。"景公说："说得好啊！如果真的君不是君，臣不是臣，父不是父，子不是子，即使有了粮食，我能吃得着它吗？"**

英国著名的维多利亚女王一直以来都与自己的丈夫相亲相爱，感情和谐。但是维多利亚女王乃是一国之王，成天忙于公务，经常出入社交场合，但是她的丈夫阿尔波特却正好与她相反，对政治一点也不关心，对社交活动更是没有多大的兴趣，所以两个人也会因此而闹些别扭。

有一天，维多利亚女王去参加社交活动，但是阿尔波特却没有去。结果已经夜深了，维多利亚女王才回到寝宫，只见门房紧闭着。于是女王走上前去敲门："有人吗？"阿尔波特问："谁？"

女王回答："我是女王。"

房内阿尔波特又问："谁呀？"

女王回答："维多利亚。"

门还是没有开。女王这一次又徘徊了半晌，再一次上前敲门。

房内的阿尔波特仍然问："谁呀?"

女王温柔地回答："我是你的妻子。"

这一次门开了，她的丈夫阿尔波特伸出热情的双手把女王拉了进去。

其实，阿尔波特从一开始就已经知道是自己的妻子在敲门，而他的两次发问实际上是明知故问。

为什么维多利亚前两次敲门都遭到丈夫的拒绝，而最后一次丈夫不仅开了门，并热情有加呢？这就是由于女王的心理状态并没有随着交际的环境、对象的变化而进行适当的调整，维多利亚的语言和她在这一时刻所扮演的角色发生了严重的冲突，因此才造成了误会。

第一次女王上前敲门回答说"我是女王"，她这种自称显然是在维护自己的尊严，应在宫殿上运用才合适，这表明交际双方的关系是君臣关系，是上下级关系。而现在是在寝宫中，面对的是自己的丈夫，所以她这样回答显得态度高傲，甚至在某种程度上伤害了作为丈夫的阿尔波特的自尊心。

第二次敲门女王的回答是"我是维多利亚"，这可以看成是一个中性的称谓，虽然在语调上比第一次有了变化，但还是没有体现出作为妻子这一角色的感情色彩，让丈夫阿尔波特感觉到似乎还有些距离，没有亲切感，因而仍没有开门。

第三次敲门的时候，女王回答说"我是你的妻子"，体现了作为"妻子"的角色意识，传达出妻子特有的温柔和浓烈的感情色彩，这一次，她的心态终于适应了具体的场合和对象，把交际双方的角色做了明显的定位，极大地满足了阿尔伯特的自尊心理，于是之前的所有不愉快一扫而光，效果极佳，不仅敲开了房门，也敲开了阿尔伯特的心扉。

国家的兴盛、家庭的和睦都离不开个人的角色定位，如果发生角色错位，那么对于国家而言，会造成国家混乱，国将不国，对于家庭来说，则会破坏家庭温馨和谐的氛围。

特别是在婚姻生活中，男女双方扮演着不同角色。这就要求男女双方在说话、做事的时候都要符合角色规范。夫妻双方有的时候不能够互相容忍，常常会发生争吵，这实际上就是因为夫妻两人中的某一方说话超出了自己的角色范围，有悖于另一方所期待的角色规范，这样一来，夫妻关系自然就不和谐了。

有人说婚姻是一条船，而在这条船上承载的不仅仅是一男一女，更重要的是承载着他们共同追求的爱情和幸福。假如夫妻双方不善于经营爱情，不懂得维系彼此之间的感情，不愿意承担婚姻生活赋予自己的责任，那么这条船随时都会有颠覆的可能。

俄国作家冈察洛夫说："爱情就等于生活，而生活是一种责任、义务，因此，爱情就是一种责任。"所谓的角色意识其实就是一种责任，是一种对婚姻生活赋予彼此信任的一种责任。这种责任，作为男人来说，就是要懂得疼爱自己的妻儿。而作为女人来说，就是应该关心、体贴和支持自己的丈夫。

其实，在现实生活中，我们有人把家庭比作避风的港湾，有人把家庭比作温暖的火炉，也有人将家庭比作温馨的摇篮，而且我们人人都渴望拥有一个和谐幸福的家庭，但是关键还是要看你如何去经营自己的家庭。

# 第五课 经营之道：
## 取之有道，用之有度

　　现如今，我们把孔子的学说应用在经商上，应用在对待金钱的态度上，从中悟出一些大智慧、大道理，并且用这些大智慧、大道理来指导我们自身，也许，我们在金钱面前会更加坦然与磊落。

# 人而无信， 不知其可也

子曰："人而无信，不知其可也！大车无辀，小车无轨，其何
以行之哉？"

——《论语·为政》

**【解意】**

**孔子说："作为一个人却不讲信用，不知道他怎么可以立身处世，好比大车没有套横木的辀，小车没有套横木的轨，那怎么才可以行走呢？"**

三国时期著名的政治家、军事家曹操虽然身上有很多坏毛病，但是也曾经在他统领的军队中留下过诚信的美名，正是依靠留给人们的诚信品质，最后实现了一统江北的霸业。

原来事情是这样的，有一次，曹操亲自统领大军准备去打仗。在行军的路上，士兵们看见路边的麦子都已经成熟了，却无人收割。

原来这一带的老百姓因为害怕士兵，早就逃到外地不敢回来收割麦子。曹操在知道这个事情之后，就立即派人挨家挨户告诉村里人和各处的地方官吏，说："我奉皇上的旨意，出兵讨伐叛逆的贼人，是为民除

害。现在正是麦子收割季节，经过麦田的人，如果有一个人践踏麦田，那么立即斩首示众，我说到做到，请父老乡亲们不要害怕。"

老百姓们刚开始的时候都不相信，仍然是躲在暗处观察曹操带领军队的行动。经过麦田的官兵，也都下马用手扶着麦秆，小心地踏过麦田，就这样一个接着一个，相互传递着走过麦地，没有一个士兵敢轻率践踏麦田的。

而曹操这个时候正骑马走着，忽然，麦田里有一只野鸡惊叫着飞了起来。结果曹操骑的马受了惊吓，一下子蹿入麦田中，践踏坏了一块麦田。

曹操立即叫来随行的官员，要治自己践踏麦田的罪行。

官员说："我们怎么能给丞相治罪呢？"

曹操说："我刚刚亲口说的话，我自己却不遵守，这样一来还有谁会心甘情愿地遵守呢？一个不守信用的人，又怎么能够统领好成千上万的士兵呢？"话刚说完，曹操随即抽出腰间的佩剑，想要自刎，众人连忙上前拦住了他。

这个时候，曹操身边的谋士郭嘉走上前说："古书《春秋》上说，法不加于尊。丞相统领三军，重任在身，怎么能够自杀呢？"

曹操最后沉思了好长时间，才缓缓说道："既然古书《春秋》上有'法不加于尊'的说法，而我现在又肩负着天子交给我的重要任务，那我就先暂且免去一死。但是，我不能说话不算话，既然我违犯了军令，理当受到惩罚。"

于是，曹操用剑割断了自己的头发，扔在地上，说："那么，我就先割掉自己的头发来代替我的头吧。"

随后，曹操又命人传令三军："丞相践踏麦田，本该斩首示众，由于没有完成天子的重托，现在先割掉头发代替。"

孔子曾经对子贡说："自古皆有死，民无信不立！"（《颜渊》）这种对"信"的强调，也让我们想到了文天祥的绝笔："人生自古谁无死，留取丹心照汗青！"以及匈牙利诗人裴多菲的诗："生命诚可贵，爱情价更高；若为自由故，二者皆可抛。"

但是，一般说得最多，强调得最重，往往也是问题最大的。背信弃义与讲信用就好像是一对孪生兄弟，它们一直出现在古今的文学作品中，跨过了几千年的历史长河，直到今天依然与我们同在。甚至可以更准确地说，越到商品经济时代的今天，背信弃义与讲究信用的矛盾就越发突出，而且背信弃义还大有占上风的势头。

当我们面对今天这样的形势，我们是不是更应该秉持圣人的呼吁——人而无信，不知其可也！

【小语】

诚信作为一个基本的道德规范，是对人们的共同要求。在与人相交往的时候，自己首先应该做到诚信。

然而，正常、和谐的人际关系的维持是需要双方甚至是多方共同讲诚信的。"信"字包含了同心相知、彼此信任的意思。如果双方当面说一套，背后做另一套，友好和谐的关系是不可能得到维持的，两人也不会成为朋友。只有彼此以诚信相待，不因为某些偶然事件而动摇，不因时光流逝而褪色，这才算得上是真正的诚信。

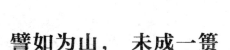

# 譬如为山，未成一篑

子曰："譬如为山，未成一篑，止，吾止也。譬如平地，虽覆一篑，进，吾往也。"

——《论语·子罕》

**【解意】**

孔子说："比如去堆山，只差一筐土未能完成，停止了，是我停止的。又好比在平地上堆山，即使才倒了一筐土，进行下去，是我要进行下去的。"

记得在 1995 年的秋天，微软公司受到了前所未有的威胁。当时因特网出现了强势发展的势头，面对这种威胁，比尔·盖茨镇定自若，坦然地说："我是不会说'现在已清晰可见因特网将会在今后的几年里迅速发展'之类的话。如果当时你们问我大多数电视广告是否将会在内容中加入因特网的地址，我会放声大笑。"

而比尔·盖茨正是凭借自己的这种积极乐观心态，也正是依靠自己这种在困境和挫折中面不改色的坦然心境，微软公司才在之后成功地获得了推动因特网发展的某公司程序语言的许可证，至此，微软公司也获得了更加长远的发展空间。

我们通常只看到比尔·盖茨的成功，却很少看到他所经历过的一个又一个大风浪，但是比尔·盖茨总是以微笑面对人生，以积极的心态面对一次又一次的险境。

在生活当中，比尔·盖茨总是以愉快的方式来结束自己的每一天。他也多次告诫年轻人说："时光一去不复返。每天都应该尽力做完该做的事。疏忽和荒唐事在所难免，但应该尽快忘掉。每一天都应该重新开始，不要因为过去的错误成为未来的包袱。"

因为比尔·盖茨十分清楚，以后悔的态度来结束每一天，实在不是明智之举。曾经有一天，他在和朋友散步的时候，每经过一扇门，他都把门关上。"你没有必要把门关上。"朋友说。"当然有必要，我这一生都在关我身后的门。当你关门时，也就把过去的一切留在了后面，然后，你又可以重新开始。"

**【释用】**

现在可能你自己刚刚划定了一个界限，但是还没有开始行动就认为自己过不去了，这难道不是自甘落后吗？其实，学习就好比用土堆山，只要再加一筐土，就能够堆成了，可是有的人却停止下来，最后导致功亏一篑。又好比填平一块土地，倒一筐泥土上去，就看得更高一点，认为这里毕竟已经有了一筐土，这进步也是要靠自己努力啊！

我们也可以把这看成是桌子上的半杯水，乐观者会说："原来这里还有半杯水。"而悲观者则会悲观地认为："怎么就只有半杯水了？"

有很多事情之所以成功，并不完全是取决于一个人的聪敏才智，而在很大程度上是取决于一个人的心态。一个人如果用消极的心态看待问题，即使是繁花似锦的春天，也只会看到杂草和尘土，而当其用积极的心态看问题，看到的将永远是事物美好的一面以及向美好的方面转变的一面。

**【小语】**

在人的一生当中难免会遇到挫折、困难和烦恼，但是这并不意味着因此就必然失败。任何事情都是有它的两面性的，即使是一些好的事情，也往往蕴藏着危机，而在坏的事情中也预示出希望，就看你如何去看待和把握。

如果你总是以消极的心态看待周围的人和事，那么你就会感到生命中孕育着痛苦和悲伤，自己的人生毫无希望；可是如果你用乐观的态度看待人生，即使在最困难的时候你也能够看到曙光，从而振作起来，积极行动，摆脱困境。

积极的心态能够帮助你摆脱艰难和困苦，最终走向成功。这就好像登山，虽然只差一步之遥，但是如果你放弃了，结果只能是望山叹息，感慨自己无缘领略登上山峰的喜悦心情，可是如果你对登上山峰充满信心，即使你现在才刚刚起步，人们也已经看到了你成功的结果。

# 君子多乎哉？ 不多也

太宰问于子贡曰："夫子圣者欤？何其多能也。"子贡曰："固天纵之将圣，又多能也。"子闻之，曰："太宰知我乎，吾少也贱，故多能鄙事，君子多乎哉？不多也。"

——《论语·子罕》

## 【解意】

太宰问子贡道："孔老先生是一位圣人吗？为什么这样多才多艺呢。"子贡说："既然上天让他成为圣人，当然也就会让他多才多艺。"

**孔子听到后说："太宰了解我吗？我小的时候贫穷，所以才努力学会了不少技艺，一般的君子会有这么多技艺吗？那是不多的。"**

商人王永庆早年因为家里贫穷读不起书，所以只好去做买卖。1932年，当时16岁的王永庆从老家来到嘉义开了一家米店。

当时，在小小的嘉义已经有米店将近30家了，竞争非常激烈。而仅有200元资金的王永庆，只能够在一条偏僻的巷子里租一个很小的铺面。

由于他的米店开办的最晚，规模最小，更谈不上任何知名度了，而且没有任何优势。在刚开张的那段日子里，生意冷冷清清，门可罗雀。

王永庆渐渐感觉到自己要想在米店市场上立足，就必须有一些别人没有做到或者是做不到的优势才行。在仔细思考之后，王永庆很快从提高米的质量和服务上找到了突破口。

当时的农村还处在手工作业状态，稻谷收割与加工的技术很落后，稻谷收割后都是铺放在马路上晒干，然后脱粒，砂粒、小石子之类的杂物很容易掺杂在里面。

所以，用户在做米饭之前，都要经过一道捡米的程序，给用户造成很大的不便，但是买卖双方对此都习以为常，见惯不怪。

可是王永庆却从这一司空见惯的现象中找到了切入点。他带领两个弟弟一齐动手，不辞辛苦，不怕麻烦，一点一点地将夹杂在米里的秕糠、砂石之类的杂物捡出来，然后再出售。就这样，王永庆米店卖的大米质量立即提高了一个档次，因而深受顾客的好评，米店的生意也日渐红火起来。

王永庆在提高大米质量收到良好效果的同时，他在服务上也更进一步。当时，用户都是自己上门买米，自己运送回家。这对于年轻人来说也许不算什么，但是对于一些上了年纪的老年人就是非常不方便了。

而且当时的年轻人整天忙于生计，需要工作很长的时间，不方便出来买米，买米的任务只能由老年人来承担。王永庆注意到这一点，于是超出常规，主动送货上门。这一方便顾客的服务措施，大受顾客欢迎。

在当时，还没有送货上门一说，增加这一服务项目可以说是一项创举。即使是在今天，送货上门充其量是将货物送到客户家里并根据需要放到相应的位置，就算完事。那么，王永庆是怎样做的呢？

每次给新顾客送米，王永庆都会细心记下这户人家米缸的容量，并且问清楚这家有多少人吃饭，有多少大人、多少小孩，每人的饭量如何，据此来估算该户人家下次买米的大概时间，记在本子上。到时候，不等顾客上门，王永庆就能够主动将相应数量的米送到客户家里。

王永庆不仅给顾客送米，还帮助人家将米倒进米缸里。如果米缸里还有米，他就将旧米倒出来，将米缸擦干净，然后将新米倒进去，再将旧米放在上层，这样，陈米就不会因为存放过久而变质。

王永庆这一近乎完美的服务不仅让顾客深受感动，也赢得了很多顾客。

在送米的过程中，王永庆还了解到，当地的居民大多数家庭都是以打工为生，生活并不富裕，许多家庭还没有到发薪的日子，就已经囊中羞涩。

由于当时王永庆是主动送货上门的，要货到收款，有的时候碰上顾客手头紧，一时拿不出钱的，会弄得大家很尴尬。为了解决这一问题，王永庆采取按时送米，不即时收钱的方法，而是约定到发薪之日再上门收钱的办法，极大地方便了顾客。

王永庆精细、务实、完美的服务态度，使嘉义人都知道在米市马路尽头的巷子里，有一个卖好米并送货上门的王永庆。

在有了知名度后，王永庆的生意很快红火起来。就这样，经过一年多的资金积累和客户积累，王永庆便开办了自己的碾米厂，在离最繁华热闹的街道不远的临街处租了一处比原来大好几倍的房子，临街的一面用来做铺面，里间用作碾米厂。

就这样，王永庆从小小的米店生意开始创业，一步步走向成功。

很多时候，当我们一心渴望伟大、追求伟大，伟大却了无踪影；可是当我们甘于平淡，认真做好每一件事，伟大却不期而至，这其实就是勤奋的魅力，是水到渠成后的惊喜。

很多时候，成功者与失败者之间的差别就在于是否勤奋、是否付出。人与人之间在智力和体力上的差异并不是我们想象中的那么大。很多事情，一个人能做，另外的人也能做，关键是看一个人投入了多少时间和精力。这样一来，做出来的效果自然不一样，也能够看出付出了多少心思和汗水。这就像农民种庄稼一样，大家都知道春天播种，秋天收获，但如果在庄稼成长的过程中没有施肥、浇灌等一系列辛苦的劳作，也就难以赢得秋天的大丰收。

天道酬勤，一分耕耘，一分收获。你有怎样的付出，就会有怎样的收获。天上是不会掉馅饼的，成功就好像是盛开在悬崖峭壁上的花，不是任何人都能够采摘到的，如果你不努力去攀折，就永远只有望之兴叹的余地。

我们很多人也有过梦想，甚至也有过机遇，也确实付出过行动，但是后来却知难而退，半途而废，只能与成功失之交臂。

# 过犹不及

> 子贡问曰："师与商也孰贤？"子曰："师也过，商也不及。"曰："然则师愈与？"子曰："过犹不及。"
>
> ——《论语·先进》

【解意】

**子贡问孔子："子张和子夏二人谁更好一些呢？"孔子回答说："子张过份，子夏不足。"子贡说："那么是子张好一些吗？"孔子说："过分和不足是一样的。"**

松下电器公司是由松下幸之助创办的一家大型的电器公司，在该公司80多年发展过程中，曾经出现过"水淹七军"的壮丽场面，也出现过"走麦城"的生存危机，但是最后全部都闯了过来，原因就在于松下幸之助能够牢牢抓住稳定人心的秘诀。

在20世纪50年代，日本很多公司都难以支撑下去，松下公司当时也面临着这一问题，最高管理层几乎每天都会开会研究对策。

有人提出，如果公司的产品卖不出去，那么等于连工人的工资也都发不出来了，而现在唯一的办法就是减员，至少应该裁去一半员工才能渡过难关。

结果这个不好的消息不胫而走，整个公司都是人心惶惶。许多员工都明白：留在公司可能还有一条生路，如果在这个时候自己离开松下那么简直就无法生存，因为在经济大萧条时期，能够找到一份工作真的比登天还难。

当时日本的一些大公司为了减少开支，维持生存，纷纷开始减员。一时间，社会上到处都是失业的人。所以，很多工人害怕失业，于是就有不少工会组织了工人罢工，这样一来，工人与公司的关系显得更加紧张。

而那些与松下平时有业务往来的公司则把眼睛睁得大大的，想看看松下会采取什么对策，也想看看大名鼎鼎的松下是用什么高招渡过难关的。

而且在这段时间里，松下幸之助正好由于身体不适躺在医院里，所以社会上出现了许多谣言，说松下已经被困难吓倒，住进了医院，看来他的公司是无法渡过难关了。这一消息对于松下的员工来说真是雪上加霜，一时间，松下员工都感觉自己的末日到来了，很多员工整天无心工作。

当时的武久和井植是公司的两位高级总裁，为此特意到医院看望松下。

武久说："松下先生，现在十分困难，我们不知道应该怎么办。"

松下问："真的就没有什么好的办法了吗？"

井植说："松下先生，办法还是有的，那就是首先将公司的员工减少一半。"

松下躺在床上久久没有说话。可以看得出来，其实在松下的心里早已经有办法了，过了一会儿，他慢慢地说："我已经决定：一个也不减少。"

武久和井植两人听完之后，大吃一惊。

松下虽然身在病中，但是脸上还是露出了微笑，他充满信心地说：

"不要说减去一半，如果我们减少两个人，别人就能够看出我们的困难了，就会趁机和我们讲条件；如果我们一个人都不减少，就充分表明我们是有实力的，而且我们是自信的，别人就不敢小看我们。"

松下缓了一口气，接着说："同时，我们的员工为松下公司辛辛苦苦地工作了这么多年，如果我们一遇到困难就抛弃他们，他们肯定会对松下寒心。我们应该和他们一起，携起手来，共渡难关。相信我，困难是一定能够克服的，只要我们共同努力，我们的事业很快就会发展起来。"

武久和井植觉得松下说得很有道理，可是他们却没有松下的胆识，还是有些不放心地问道："松下先生，这样当然很好，但是，目前我们具体应该怎么做才好？"

松下说："办法我已经想好了，那就是从现在开始，全天工作制改为半天上班制，工资还是按照以前的数量发，也就是发全天的工资。"

武久说："松下先生，这是什么办法啊？这个办法恐怕不行吧。如果这样下去，用不了多久，公司就会成为一个空架子了。"

松下听完之后哈哈大笑起来："就这样办吧，你们不要担心，绝对不会像你们想象的那样！放心好了。"

武久和井植将信将疑地走了，因为他们毕竟不是最终决策人，只能够按照老板的意思做事。

两人回到总部，马上在最高会议上传达了松下的决定，然后一级一级地向下传达，最后甚至还召开了全体员工大会。

当时全公司的员工听到这个决定都高声欢呼起来。几乎所有的人，都发誓要为公司的生存而战，誓与公司共存亡。很快，在松下公司出现了万众一心、共渡难关的壮烈场面。

而在社会中，很多人听说松下公司不裁员一个人，而且还只上半天班，发全天工资，顿时觉得松下不愧是日本第一大公司，纷纷向松下公司开出订货单，认为松下幸之助一定有灵丹妙药，一定有回天之力。

松下幸之助的这一重大决定不仅稳定了军心，而且还在社会上树立了良好的公司形象，给公司带来了良好的影响。

最后，全公司上上下下齐心协力，全力工作，只用了不到两个月的时间，松下的产品就全部推销出去了。

## 【释用】

孔子提倡"过犹不及"，做事应该讲究适可而止，强调任何事情既要看到事物的两面性、又要用发展的观点看问题，不能用片面、孤立和静止的观点看问题。

立身处世，更不要图名利，不要患得患失，做事情要合乎中道，公平客观，凡事寻找最佳途径解决。

其实，挑战困境需要的既不是盲目冒进，也不是畏缩不前，而是在对客观形势作一个具体的分析之后能够找出出奇制胜的策略，这种策略是一般人很难理解的，但是它确实是解决问题的妙招。

## 【小语】

也许有人会说，自己是一个循规蹈矩的人，只知道按照普通人的思维去解决问题，根本不可能有多么高明的智慧，这样的方案自己根本就不敢去想，即使想到了也不敢去施行。

俗话说"世上无难事"，只要你善于动脑筋，勤于思考，善于分析问题，你的思维一定会越来越灵敏，解决问题的办法自然也会越来越多，越来越有效的。

做一件事情要有预见性，要敢于开拓创新，规划未来，锐意进取，只有这样，你的付出才会取得超值的回报。

# 回也其庶乎，　屡空

> "柴也愚，参也鲁，师也辟，由也喭。"子曰："回也其庶乎，
> 屡空。赐不受命，而货殖焉，亿则屡中。"
>
> ——《论语·学而》

**【解意】**

**高柴愚笨，曾参迟钝，颛孙师往往失之偏颇，仲由刚猛有余。孔子说："颜回的学问修养大概差不多了，只是常常贫穷不堪。端木赐不受官府之命，而经商营销，推测市场行情，往往猜中了。"**

日本企业家古川久好早些年在一家公司当职员的时候，受到报纸上一条普通信息的启发，他抓住这一偶然的机会，从而走上了致富之路。

古川久好曾经是一家公司地位不高的小职员，他平时主要是为领导做一些文书工作，跑跑腿，整理整理报刊材料等。

虽然工作是非常辛苦的，但是薪水并不高，古川久好总是在琢磨赚大钱的办法。

有一天，古川久好看见报纸上有这样一条介绍美国商店情况的专题报道，其中有一段提到了自动售货机，上面写道："现在美国各地都大量采用了自动售货机来销售商品，这种售货机不需要专人看护，一天

24小时可随时供应商品，而且在任何地方都可以营业。它给人们带来了很多方便。可以预料，随着时代的进步，这种新的售货方法会越来越普及，必将会被广大的商店企业所采用，消费者也会很快地接受这种方式，前途一片光明。"

古川久好看完之后开始在这上面动脑筋，他想，日本到目前为止还没有一家公司经营这种自动售货机，但是将来肯定也会迈入自动售货的时代，而且这项生意对于一个没有什么本钱的人来说更是特别合适。

于是，古川久好向亲戚和朋友们借钱购买了自动售货机，他当时筹到了30万日元，这一笔钱对于一个小职员来说真的是一笔不小的数目。古川久好一共购买了20台售货机，然后分别把它们设置在酒吧、剧院、车站等一些公共场所，把一些日用百货、酒类、饮料、报刊杂志放入自动售货机中，开始了他的事业。

古川久好的这一举措果然也给他带来了大量的财富。人们第一次在公共场所见到自动售货机，感到非常新鲜，而且对于人们的感觉是只需往里投入硬币，售货机就会自动打开，送出你需要的东西。

古川久好的自动售货机仅仅是在第一个月就为他赚到了100万日元。而他之后则把每个月赚到的钱投资于售货机上，不断扩大自己的经营规模。

不到半年的时间，古川久好不仅还清了所有的债务，而且还净赚了2000万日元。当时有一些人看到这一行业非常赚钱，于是跃跃欲试。而古川久好看在眼里，马上做出制造自动售货机的决定。他立即投资成立了工厂，自己研制出了"迷你型自动售货机"。

这项产品外观特别小巧可爱，不仅能够美化市容，而且还会为市容增添光彩。迷你型自动售货机上市之后，非常畅销。

## 【释用】

所谓"在山识鸟音，在水识鱼性"。要想获得成功，最重要的一条就是把握市场行情，能够掌握大量的信息。谁掌握的信息多，谁就拥有了更多的财富；谁掌握的信息多，谁就是最后的赢家。

比尔·盖茨曾经说过："将你的公司和你的竞争对手区别开来的最有意义的方法，使你的公司领先于众多公司的最好的方法，就是利用信息来干出色的工作。你采用搜集、处理和利用信息的方式，决定了你的输赢。用锐利的目光和善变的头脑，会使你从信息中挖掘出财富。"可见，准确、及时、可靠的信息，特别是切实可行的经营措施，能够把我们的愿望变成现实。

## 【小语】

处处留心皆学问，我们要善于以独到的眼光、敏锐的头脑，注重市场信息的收集、处理和利用；善于分析和掌握社会需求的动向，摸清楚同行，特别是竞争对手的动态，进而做出正确的销售、经营决策；善于快速捕捉信息并及时付诸行动，这样才能够让自己在复杂激烈的市场竞争中立于不败之地。

信息就是财富，信息就是指路灯。如果失去信息的指引，那么生产和经营即使侥幸获得成功，但是这种成功也是不牢固的，时刻都有沉浮于商海的危险，甚至会一败涂地，血本无归。而信息社会就是需要用信息来指导生产和生活，不懂得利用信息的人，一定会成为社会的落伍者。

# 邦有道，谷；邦无道，谷，耻也

宪问耻。子曰："邦有道，谷；邦无道，谷，耻也。"

——《论语·宪问》

**【解意】**

**原宪问什么是可耻。孔子说："国家太平时，可以当官；社会黑暗时，当官就是耻辱。"**

唐玄宗在位的前 20 多年时间里，是一个非常有作为的皇帝，也前后任用过好几个有名的贤相，比如张说、韩休、张九龄等，而且唐玄宗也比较愿意接受宰相和大臣们的正确意见，先后采取了一些有利于经济发展的措施。

这一时期的唐朝国力强盛，财政充裕。据说，当时各州县的仓库里都堆满了粮食布帛，而且长安和洛阳的米和帛的价格都跌得特别低，历史上把这段时期称为"开元之治"。

在唐玄宗 61 岁这一年，他开始宠幸年轻的杨贵妃。杨贵妃可以说是一个少见的美人，而且生得聪明伶俐，并且懂得音乐。

唐玄宗和杨贵妃每天都在饮酒作乐，这也少不了让人奏奏音乐，唱唱歌曲，时间长了，宫里原来的一些老歌词都听腻了，于是唐玄宗想找人来给他填点新歌词。

当时的大臣贺知章在唐玄宗面前说，长安最近新来了一位大诗人，名叫李白，可以说是一个天才，无论做诗，还是写文章都非常出色。唐玄宗其实很早就知道了李白的名声，于是就吩咐贺知章把李白召进宫。

李白是唐代最著名的诗人之一。他从小就博览群书，性格豪放，除了读书之外，还练得一手好剑。

李白20多岁开始，为了长见识，到各地去游历。他不仅去过长安、洛阳、金陵、江都等许多大城市，而且还到过洞庭、庐山、会稽等许多名山胜地。由于李白的见识很广，再加上他才识过人，所以在诗歌写作上有杰出的成就。

而且李白还是一个很有政治抱负的人，他生性高傲，对当时官场上的腐朽风气非常不满，希望能得到朝廷任用，让他有机会在政治上施展自己的才干。而这一次李白到长安来，听到唐玄宗要召见他，心中非常高兴。李白得到了唐玄宗的征召，便"仰天大笑出门去"，以为自己能够得到明主的赏识，将会有一番大的作为。

其实在李白刚刚到长安的时候，他就通过好友元丹丘认识了唐玄宗的妹妹，即道士持盈法师（即玉真公主）。

据说，信奉道教的著名诗人贺知章曾经慕名专访李白，李白示以《蜀道难》长诗，贺知章还没有读完，就接连称赞了四次，赞他是"天上谪仙人也"，于是解金龟换酒，两人皆醉。由于这些名人的称誉，李白的诗名在长安"期不问日"，已经是显赫一时了。

当时唐玄宗在听完了玉真公主和贺知章的赞誉之后，亲自接见了李白。据说，当时唐玄宗接待李白就好像汉高祖接待"商山四皓"一样，"以七宝床赐食，御手调羹以饭之"。

随后，李白就被安置在了翰林院，特许为翰林供奉。根据一些书籍记载，这一时期的李白曾经为唐玄宗写过《出师诏》与《和番书》等外交文件，作过《大猎赋》等劝谏唐玄宗"居安思危，防险戒逸"的文章。

但是让我们感到遗憾的是，唐玄宗这个时候已经日趋昏庸，他只是为了满足个人的风雅享乐而把李白当作御用文人来看待的。结果，李白的傲岸让一些权臣、皇亲贵族非常不满，而唐玄宗也很快就感觉到李白的桀骜不驯，从而便逐渐地疏远他了。

当李白离开长安之后，重新过起了自由自在的生活，有的时候隐居读书，有的时候周游各地。在这些日子里，李白写下了许多讴歌祖国壮丽山河的诗篇，最后成为了我国文学史上的不朽名作，李白也被称为我国诗歌史上的"诗仙"。

### 【释用】

在孔子看来，一个真正实践仁道的人，他的追求是不受时代、环境所影响的，能够一直坚持自己的思想原则。但是，他也并不是一味固执地坚持，而是在危乱的时候就隐居起来，在天下和谐安定的时候再出来。因为世道乱的时候，社会上的思想也必然是混乱的。

但是从总体情况来看，孔子还认为，作为一名读书人就应该对社会、国家有所贡献，即使是在乱世的时候，也应该要"知其不可而为之"，竭尽自己的力量去挽救社会。这其实也表现了儒家的"入世"思想，而与此相对应的则是道家的思想则更着重于隐居，所以历史上持道家思想的人物，更经常是"无道则隐"。

### 【小语】

一个人人生的真正价值其实是在于对社会的贡献，只有把自己的利益与国家和人民的利益联系起来，在关键的时候甚至可以为了国家和集体的利益而放弃自我利益，只有这样，一个人的人生价值才能够得到真正的实现，因为国家、集体好，我们个人才会好。

# 君子无所争，必也射乎

子曰："君子无所争，必也射乎！"

——《论语·八佾》

## 【解意】

孔子说："君子对什么事情都不争，如果要争，那就要比比谁射箭多。双方互相作揖，谦让，然后登场；射完箭走下来饮酒。这种争叫君子之争。"

有一个小伙子走在街上，他心情非常不好，因为他还在为刚才没有做成的生意而懊恼着。这个时候，他走进了一家旅店，刚一进门就被吵昏了头，原来是旅店里面的客满了，人们都相互抱怨着。

就在这个时候，出现了一位绅士，他逐一把这些没有床位的人都轰走了，说："请明天早晨八点再来吧，也许那时你们会有一些好运气！"小伙子听完这位绅士的话之后，真的想大发脾气，因为他自己并不缺钱，可是如今却连一个睡觉的地方都买不到！但是这位小伙子还是非常礼貌地对这位绅士说："先生的意思是你让他们睡八个小时便做第二轮生意？""当然，一天到头可做三轮生意，人多得像臭虫一样！""你是这儿的老板吗？""当然，整天被旅店拴着，想出去开油田多挣点钱都不成。"

小伙子听完之后有些兴奋,说道:"先生,如果有人买这家旅店,你会出售吗?""当然,有谁愿意出 5 万美元,我这里的东西就属于他了。"小伙子听到这里几乎叫了起来:"先生,那你可以去开油田了,你已经找到了买主。"

小伙子只用了不长的时间翻看了账簿,就发现这个头脑中想着靠石油发财的家伙是个傻瓜。因为这家旅店的生意一直不错,财源滚滚,最后小伙子毫不犹豫地将它买了下来。

后来这个小伙子成了全美最大的旅店老板,而这个小伙子就是后来的希尔顿。

人与命运之间,就好像是一种合作的和谐关系,而重要的是能及时地认识到什么是机遇。

曾经有一位老人对他的两个儿子说:"你们的年纪现在已经不小了,也应该去外面见见世面了,等你们磨炼够了之后,再回来见我吧!"

于是,这两个儿子就听从了父亲的嘱咐,离开了家乡到城市里去锻炼自己去了。可是没想到只是过了几天,大儿子就回来了。

老人看到大儿子回来,显然有些惊讶,于是问道:"怎么回事?你怎么这么快就回来了呢?"没想到大儿子非常沮丧地回答道:"爸爸,你不知道,城市里面的物价实在是高得可怕,而且连喝水都必须花钱买,我在那里怎么可能生活得下去呢?我赚到的钱都还没有我花的多呢!"

就这样又过了几天,二儿子打了一个电话回来,并且用异常兴奋的语气地对父亲说:"爸爸,我太高兴了,在城市里到处都是赚钱的好机会,就连我们平常喝的水都可以卖钱,我决定要留在这里好好地开创一番事业。"

很快几年时间过去了，由于二儿子很早就看准了城市中的饮用水的市场，并且还掌握了大部分矿泉水的行销渠道和市场，所以二儿子很快就占领了城市整个水的市场，成为数一数二的富豪。

【释用】

一个人能否成功，固然要靠天生的才能，要靠努力，但善于创造时机，及时把握时机，不因循、不观望、不退缩、不犹豫，想到就做，有尝试的勇气，有实践的决心，多少因素加起来才可以造就一个人的成功。

所以，尽管说有人的成功在于一个很偶然的机会，但认真想来，这偶然机会之所以能被发现、被抓住，而且被充分利用，却又绝不是偶然的。

【小语】

机会是在纷纭世事之中的许多复杂因子，在运行之中偶然凑成的一个有利于你的空隙。这个空隙稍纵即逝，所以，要把握时机确实需要眼明手快地去"捕捉"，而不能坐在那里等待或因循拖延。

西方谚语说："机会不会再度来叩你的门。"这并非说它架子大，而是说它也被操纵推挤在万事万物之间，身不由己。

徘徊观望是我们成功的大敌。许多人都因为对已经来到面前的机会没有信心，而在犹豫之间，把它轻轻放过了。"机会难再来"，这话是对的，因为即使它肯再来，光临你的门前，但假如你仍没有改掉你那徘徊瞻顾的毛病的话，它还是照样要溜走的。

在我们身边也有很多机会和机遇，只要我们勇敢地抓住机会，迎接挑战，相信我们会成长为有能力的人！

# 富与贵， 是人之所欲也

**【解意】**

孔子说："富裕和显贵是人人都想得到的，但用不正当的方法得到它，宁愿不去享受；贫穷与低贱是人人都厌恶的，但用不正当的方法去摆脱它，就摆脱不掉。"

大家熟知的推动香港发展的巨富李嘉诚就是越过一个又一个事业高峰的巨大"原动力"，而这就是他的超人的"创富意识"。

李嘉诚是中国潮州人，受到当地浓厚的家族观念，以及对长上权威的遵从思想的影响。他的父亲早逝更让李嘉诚过早地担当起维持家庭生计的重任。作为长子的李嘉诚，在他的身上每个细胞都充满了财富意识。

而另外一位巨富李兆基对金钱的意识则源自于他的童年时期。李兆基的父亲善于做生意，在中国广东顺德开了间铺子。当时小小的李兆基就经常去父亲的铺子玩，似乎从小就对做生意感到不陌生。

在李兆基小学毕业的时候，他的父亲开了一间银庄，于是他便开始和父亲学习做生意。刚刚开始的时候，李兆基就总是想，"我什么时候才能赚上几打钞票呢?"

渐渐地，李兆基在业务上也慢慢熟悉了，他的口袋里也装进了一些钱。可是就在他开始懂得如何赚钱的时候，他又似乎发现只是钞票没用。后来，李兆基随父亲来到香港。

而他在银庄的经历更让他熟悉兑换业务，于是他就开始进行买卖外汇和黄金。特别是当时澳门具有黄金专营权，李兆基便与何贤等当时在澳门具有一定势力的人进行合作，在黄金买卖中大展手脚，最后终于赚得了第一笔财富。

**【释用】**

任何人都不会甘心过贫穷困顿、流离失所的生活，都希望自己能够富贵而安逸，这其实是人之常情，也是人之本能。

孔子告诉人们，既要坚守仁、义，也可以追求利、欲。但利、欲必须通过正当的手段和途径去获取，不然的话宁守清贫也不去享受富贵。

换句话说，靠不正当的手段攫取财富，是不会有好结果的，更谈不上享受了。希望能过上安康幸福的生活，这是我们每个人共同的美好愿望。但是孔子告诉我们，追求幸福需要靠正当途径去争取。

**【小语】**

现如今，确实有很多人通过自身的诚实劳动过上了富裕的生活。无论是政策环境，还是经济环境，都给创业者提供了发家致富的机会。靠自己的诚实劳动获取了大量财富，而又不当守财奴，这也成为了越来越多善良人的梦想。可是，那些依靠坑蒙拐骗贪发家的人，他们虽然拥有了大笔财富，但是他们却无法正大光明地去享受它。

# 旧令尹之政， 必以告新令尹

子张问曰："令尹子文三仕为令尹，无喜色；三已之，无愠色。旧令尹之政，必以告新令尹。何如？"子曰："忠矣。"

——《论语·公冶长》

**【解意】**

子张问："子文三次做宰相时，没感到高兴；三次被罢免时，没感到委屈。卸任前，总是认真地办理交接事宜，怎样？"孔子说："算忠心了。"

有一家公司需要招聘一名部门经理，经过几次初试之后，最后只剩下三个人进行复试。复试的地点就在总经理办公室。

复试的时候总经理并没有过多地去问这三个人的专业知识，而是带领他们参观了公司，到了最后，总经理指着一张茶几上的几盆花对他们说道："这是我的好朋友送的，代表我们的友谊天长地久。"

而就在这个时候，秘书走了进来，说外面有事情需要总经理出去一下。这个时候总经理笑着对三个人说："我现在有事情需要出去一下，麻烦你们几个帮我把这张茶几搬到那边的墙角去吧。"说完就和秘书走了。

这三个人想既然总经理发了话，这正是表现自己的好机会，于是三个人赶紧行动起来，可是由于茶几很沉，三个人费了半天劲才抬到总经理指定的位置，可是谁也没有想到，那个茶几不知道怎么回事一条腿竟莫名其妙地断了，结果茶几上面的花盆一下子滑落了下来，摔碎了。

这三个人面对突然发生的事情都惊呆了，谁都不知道该怎么办才好，可是就在他们目瞪口呆的时候，总经理从外面回来了。当总经理看到这一切显得非常的气愤，大声对他们吼道："你们三个人怎么回事？你们知道这盆花的意义吗？"结果第一个应聘的人说道："总经理，这不关我们的事情，我们本来就不是你们公司的员工，是你叫我们搬茶几的。"而第二个应聘者说："总经理，我觉得这件事情您应该去找茶几的经销商，产品质量太差了，我们真的不是故意弄坏的。"

总经理听完他们两个人的话后，把目光转向了第三个应聘者，只听第三个应聘者说道："总经理，这花盆的确是因为我们在搬茶几的时候不小心弄坏的，如果我们搬茶几的时候再小心一些，我想花盆也就不会摔碎了。"

当总经理听完第三个应聘者的话后，脸色由怒变喜，说道："你是一个负责任的人，你能够为自己的过失负责，我们需要的正是你这样的优秀员工，欢迎你加入我们公司。"

### 【释用】

一个有责任感的员工，一定会在自己的岗位上尽职尽责，从而实现自己的人生价值。在实际生活中，责任和价值是密切相关、相辅相成的关系，所以说只有在工作中认真负责，才能够更好地实现自己的人生价值。

责任永远都是第一位的，因为责任是我们努力工作的源泉。当我们失去了责任感，那么我们做任何工作肯定都不会成功。一个没有责任感的人，他对任何事情都不会感兴趣的，如果我们把重任交给这样的人，到头来他们只会辜负你的期望。

### 【小语】

企业都是由员工组成的，而每一位员工都希望能够通过自己的工作来实现其人生目标或者是个人价值，所以，责任感的树立对于企业的发展和个人价值的实现都具有至关重要的影响。

有些员工把自己对待工作的责任与薪水的高低相互联系在一起，这种想法其实是不对的。固然薪水的高低在一定程度上说明了你的工作水平，但是这一切都只是短期目标，我们在工作中最为重要的是获得自我提升的机会，能够为自己将来更好的发展奠定基础。

同样的一件事情让不同的人去做就会产生不同的结果，而出现不同结果的原因就在于员工对待工作是否认真负责。

对待工作责任感越强的人，当然工作做得也越深入、越完美；而对工作没有责任感的人，肯定做起事情来马马虎虎，不认真、不仔细。

特别是现在有很多员工看见别人做事情不够认真，那么自己也学着人家，能混就混，一旦工作出现了问题，首先想到的就是推卸责任，哪怕是公司受到了损失，也认为和自己没有关系，心里想着：大不了我换一个公司。

# 君子疾没世而名不称焉

子曰："君子疾没世而名不称焉。"

——《论语·卫灵公》

**【解意】**

**孔子说："君子的遗恨是到死而名声不被人称颂。"**

陈敬仲是春秋时期陈国国君陈厉公的儿子。当时统治秩序和社会伦理道德异常混乱。在争权夺利的斗争中陈宣公的太子被杀，而陈敬仲带着家人逃到了齐国。

齐国的国君齐桓公是"春秋五霸"之首，他打着"尊王攘夷"的旗号，联合诸侯，抵挡住了北面山戎和南面荆楚的进攻，保护了中原地区的许多中小国家。他很注重任用人才，不计前嫌，重用管仲治国，已经成为了人所皆知的一段佳话。

齐桓公早就听说了陈敬仲德才兼备，在陈国很有声望，心中很想与他会面，只是一直都苦于没有机会。陈敬仲刚到齐国，齐桓公便迫不及待地接见了他。一席交谈，齐桓公顿生相见恨晚的感觉，他立即决定让陈敬仲做卿。卿在当时是一种很高的官职，一般是不轻易让别国的人做的，能做齐国的卿，是许多人梦寐以求的好事。陈敬仲恭敬地向齐桓公施了一礼，辞谢道："我在陈国被逼得没有地方安身，只好逃到了贵国来寄居。如果承蒙您的恩典，让我有幸能在您宽厚的政教下生活，就心满意足了。我本来是一个不明事理，没有什么才能的人，您不责怪我，我已经是感激不尽了，哪敢贪图富贵，巴望做卿那样的高官呢？何况，让我这样一个客居贵国的无能的人做官，一定会招致人们对您的非议，我又怎么能给您添麻烦呢？这件事情是万万不可的。"

齐桓公见他再三推辞，情真意切，也就没有再勉强他，而是让他做了"工正"，管理各种工匠。

陈敬仲做了"工正"后，表现得很出色，齐桓公对他的才能更加赞赏，经常与他在一起讨论国事，他们之间的关系也日益亲密。

有一天，陈敬仲请齐桓公到家中喝酒。齐桓公兴冲冲地带着随从人员就来到了陈敬仲的家中，酒席已经摆好了。

这天的天气风和日丽，加上庭院中的景色，精心的布置，齐桓公一见，很是高兴，早就将那些烦人的政务抛到了脑后，忍不住开怀畅饮。

酒席期间，齐桓公与陈敬仲一起评古论今，谈论各种英雄人物，越说越投机，说到了高兴的地方，两人都情不自禁地哈哈大笑；谈到气愤的地方，两人也是不住地叹气。

俗话说"酒逢知己千杯少"，齐桓公的酒量本来是不小的，再加上遇上了陈敬仲这个知己，更是海量了。两人喝了一杯又一杯，一直喝到太阳落山，齐桓公才有几分醉意。但他还是觉得没有喝尽兴，吩咐随从："赶快把灯点亮，我要与陈大夫再喝几杯。"

陈敬仲赶紧站起来，恭恭敬敬地说："不能再喝了，我只想白天请您喝酒，可是到了晚上就不敢再奉陪了。"

齐桓公稍微感到有点失望，脸上露出了不愉快的表情，说道："我与你喝酒正喝到兴头上，你怎么能扫我的兴呢？"

陈敬仲赶紧解释道："酒宴是一种礼仪性的活动，只能适可而止，不能过度。如果您因为跟我喝酒而没有掌握好分寸，遭到别人的指责，我怎么能逃到了干系呢？所以，请您原谅，我实在不能再陪您喝酒了。"

齐桓公仔细地想了想，也就不再坚持了。

### 【释用】

玩乐不上瘾，饮酒不贪杯，好色而不淫，是做人的一种境界。喝酒耽误事情的现象经常发生，在酒桌上不贪杯的人也很少，喝酒不贪杯，是一种修养，也是一个人的美德，陈敬仲跟自己的主子齐桓公一起喝酒，仍然做到了喝酒适度，并能劝说齐桓公适可而止，这不是一般人能够做得到的。我们先不说当部下的在酒桌上为了表现自己，希望自己给主子留下好印象而经常喝多，就是朋友之间在酒桌上面喝出了情绪，也很难控制酒量。从这一点上看，陈敬仲才是真正有修养的男子汉，他不卑不亢，有礼有节，意志坚定，其品格实在让我们敬佩。

### 【小语】

人的一生经常被名利所束缚。名利对于人，实用的少，更多的是一种心理上的安慰，一种对于自身价值的确认。为了追求名利，很多人都不惜终身求索，使名利的绳索最后变成了人生的绞索，断送了人生所有的快乐与欢笑。

# 第六课 治学方法：
## 快乐、严谨两不误

孔子曰："学而时习之，不亦说乎。"又说，"其为人也，发愤忘食，乐以忘忧，不知老之将至云尔。"又说，"饭疏食饮水，曲肱而枕之，乐亦在其中矣。"可见孔老夫子对学习是多么的热爱。而且孔老夫子还告诫后人，学习是一件非常愉快的事情，因为在孔子眼中，快乐学习和乐于实践，这才是走向成功最重要的资本。

# 不在其位， 不谋其政

## 【解意】

**孔子说："不在这个职位上负责，就不要参与这个职务上的事务。"**

从前韩昭侯喝醉酒之后睡着了，掌帽官怕他受凉，就在他的身上盖了一件衣服。韩昭侯睡醒之后显得非常高兴，问近侍说："盖衣服的是谁？"近侍回答说："掌帽官。"昭侯便同时处罚了掌衣官和掌帽官。

他处罚掌衣官，是因为他认为掌衣官失职；他处罚掌帽官，是认为掌帽官越权。

其实当时韩非子讲这个故事的目的就是要告诫君主要求臣子必须恪守本职，超越职权就应该治罪，主要目的是为了防止群臣结党营私。

"不在其位，不谋其政"这个道理被汉丞相陈平理解得更加透彻。

记得有一次，汉文帝问右丞相周勃："天下一年有多少诉讼的案件？"周勃答不出来。汉文帝又问："天下一年收支多少？"周勃还是答不出来。结果就是这样连续的一问三不知，把周勃吓得冷汗直流。

于是，汉文帝回过头来问左丞相陈平。陈平回答道："每件事都有主管的官员。如果问司法案件，就应该找廷尉；问钱粮，应该找治粟内史。"汉文帝听完这句话后非常不高兴，质问陈平："如果什么事情都有官员负责，那么你这丞相是做什么用的呢?"陈平理直气壮地回答道："管大臣啊!"

陈平回答得很是爽快，身为宰相，就是不应该被各种各样的琐事所牵绊，而宰相的责任就是辅佐皇帝，并且协调管理各部门的官员，让他们发挥所长，尽其本分。

听完陈平的解释，汉文帝非常满意，但是对比之下，周勃却相形见绌，自知不如，不久便辞职了，而陈平成为唯一的丞相。

**【释用】**

不担任这个职务，就不要去过问这个职务范围内的事情。这是儒家一贯的态度。也就是说，在你的职权范围内首先应该把自己的事情做好，这样你自然而然就能够升到更高一级的层次；如果去做不该你做的事情，反而可能会弄巧成拙。君子只求现在的地位来做他应该做的事，不希望去做本分以外的事，可以说，做该做的事情，这是中庸之道。

孔子所说的这句话就是对专业化分工的一个说法，一个人只有专门从事自己的优势才能发挥最大的社会效率。不在这个职位上工作的人就不应该管这个职位上的事。如果他管了，就等于是越权了，这就不利于人们能力的发挥，并且不利于人际关系的发展。

特别是在上级与下级之间存在着一个领导与下属的关系，但是上级对下级仅仅是指导和监督，一般不参与下级的具体工作。

**【小语】**

团队精神主要是提醒一个人作为一个团队的成员、一个企业的员工这一个角色应该互相帮助。但是角色也是应该区分主次的，一个员工首先做好自己的本职工作永远是第一位的。

现在很多人出于"利己"的心理，对于孔子"不在其位，不谋其政"的意思进行了曲解，表现为自私、"本位主义"、"自扫门前雪"、"事不关己，高高挂起"。

鲁迅曾经对"各人自扫门前雪，莫管他人瓦上霜"的格言作过这样一种全新的精辟剖析：这乃是"教人要奉公，纳税，输捐，安分，不可怠慢，不可不平，尤其是不要管闲事"。这里的"不要管闲事"也是有特定的适用范围的，该管的还是要管的，危难时刻见义勇为还是应该去做的。我们要灵活运用孔子的这句训诫——如果你当时恰好出现在现场，那么你就等于是在其位，你就要用适当的方式谋其政了，比如报警、挺身而出，或者是保护好证据，切勿仅仅只当一个旁观者。

# 知之为知之， 不知为不知， 是知也

子曰："由！诲女知之乎？知之为知之，不知为不知，是知也。"

——《论语·为政》

【解意】

孔子说："仲由！我教你的东西你都懂得了吗？懂得了就是懂得了，没有懂就是没有懂，这才是真正的懂。"

古时候，齐国的国君齐宣王非常喜欢音乐，特别是喜欢听吹竽，当时在他的手下有 300 个善于吹竽的乐师。齐宣王喜欢热闹，爱摆排场，于是总想着在众人面前显示自己的威严，所以每次听吹竽的时候，齐宣王总是会叫这 300 个人一起合奏给他听。

当时有一个南郭先生知道了齐宣王的这个癖好，觉得自己有机可乘，找到了一个赚钱的好机会，于是就跑到齐宣王那里去，吹嘘自己说："大王啊，我是一个有名的乐师，听过我吹竽的人没有不被感动的，哪怕是鸟兽听了也会翩翩起舞，花草听了更是会和着节拍颤动，现如今，我心甘情愿地把自己的绝技献给大王。"

齐宣王听完之后非常高兴，不加考察就痛快地收下了他，把他也编进了那支 300 人的吹竽队中。从这以后，南郭先生就跟随那 300 人一块合奏给齐宣王听，和大家一样拿优厚的薪水和丰厚的赏赐，心里不止高兴，更是得意。

其实南郭先生撒了一个弥天大谎，犯了欺君之罪，因为他压根儿就不会吹竽。每次演奏的时候，南郭先生就捧着竽混在队伍中，人家摇晃身体的时候他也摇晃身体，看人家摆头他自己也摆头，脸上装出一副动情忘我的样子，看上去和别人是一样吹奏得非常投入，还真瞧不出什么破绽来。

就这样，南郭先生靠着蒙骗混过了一天又一天，不劳而获地白拿薪水。

可是好景不长，过了几年，爱听竽合奏的齐宣王死了，而他的儿子齐闵王继承了王位。齐闵王和他的父亲齐宣王一样也喜欢听吹竽，但是他却认为 300 个人在一块儿吹实在太吵了，不如独奏来得悠扬逍遥。

为此，齐闵王特意发布了一道命令，要这 300 个人好好练习，做好准备，他将让 300 个人轮流一个个地吹竽给他欣赏。

当 300 名乐师得到齐闵王的命令后都积极练习，想一显身手，只有那个滥竽充数的南郭先生急得像一只热锅上的蚂蚁，惶惶不可终日。

最后南郭先生想来想去，觉得这次无论如何是混不过去了，只好连夜收拾行李逃走了。

**【释用】**

不懂就不懂，为何要装懂呢？但凡有此陋习的人一般原因有二：一是肚中本来没有多少知识，一旦被人问住，想回答"不知道"，但是又怕自己丢人，所以只好不懂装懂，信口胡诌，答非所问，敷衍了事，从而得以脱身；二是自己的能耐不大，但是却耐不住寂寞，于是就开始在人前人后"打肿脸充胖子"，摆出一副博古通今的架势，张嘴就是"张飞打岳飞，打得满天飞"，专门吓唬那些学识浅薄的人，从而借以扬名。

说到底，不懂装懂其实就是自欺欺人，更是一个人在求知过程中对待缺点和不足的一种遮掩。

我们每个人都不可能对任何事情都有很深的了解，必然有很多需要弥补和学习的地方。而不懂装懂就好像是给不足之处盖上了一块遮羞布，施了个障眼法，暂时挡住了别人的视线，让自己能够苟延残喘。殊不知，等到真相大白的那一天，不懂装懂的人终究是要为自己的欺骗行为付出惨重代价的。

可见，不懂装懂不仅无用，反而有害。汉代鸿儒董仲舒曾写道："君子不隐其短，不知则问，不能则学。"

所谓"不隐其短"就是要敢于承认自己的不足，敢于解剖自己。"不知则问"就是让自己少几分羞涩与虚伪，多几分坦诚与谦虚。"不能则学"就是要学习自己原来不明白的东西，弥补缺陷，不断充实自己，成为一个有真才实学的人。

我们也只有踏踏实实地学习，实事求是地做人，才能够在人生道路上站得稳、走得端。

【小语】

　　求知最忌讳的就是自欺欺人，不懂装懂。如果只是为了读书获得知识，这种"自欺欺人"还只不过是害己而已，没有什么大碍。但如果让这种人领导企业，那就不是害己的问题了，可谓是"小则害己害人，大则毁掉企业"。

　　为此，对于我们个人来说，绝不要低估了不懂装懂的危害。因为它完全可能让一个人的品质转变，堕落成为一种社会公害，可谓是贻患无穷。

# 学而不思则罔，　思而不学则殆

> 子曰："学而不思则罔，思而不学则殆。"
>
> ——《论语·为政》

【解意】

**　　孔子说："只知学习而不深入思考，就势必惘然而无所获，但只知思考而不学习，那就会很疑惑。"**

　　在 1916 年，少校卢克纳尔曾经对德皇威廉二世说道："陛下，您给我一条帆船让我们出海一战吧，我肯定能够把敌人打得灵魂出窍。"此话一出，在场的所有人都非常惊诧。

　　如果这句话放在中世纪，这样敢于挑战大不列颠的军官表面看起来是有一些鲁莽，但是至少也能够体现出他的英勇。可是那个时候，时间已经到了 20 世纪，在这个时候，可以说帆船早已经成为了一种古董，是根本不可能作为战船来使用的。

卢克纳尔这个人，从小就富有反叛精神，胆大心细，善于独出心裁，想别人不敢想、做别人不敢做的事情。

对于威廉二世以及在场人的惊讶态度，卢克纳尔向大家解释道："我们海军的军官们认为我是在发疯，既然我们自己的人都认为这样的计划可以说是天方夜谭，那么，敌人一定更不会想到我们会这么做的，所以说，我认为我可以成功地用古老的帆船给敌人一个沉痛的教训。"

当我们看完这段话之后，就会发现，其实这段话充分体现了卢克纳尔独特的思维，我们试想，如果他是一个受过正统军事教育的军官，真的是很难想出这样的大胆主意的。而这就充分体现了卢克纳尔的独特个性，这样的奇思妙想让他显得与众不同，当然也正是因为这样冒险的想法最后才成就了他的辉煌，也成就了他人生的一次飞跃。

就这样，威廉二世被卢克纳尔说动了，他同意了卢克纳尔的计划，让卢克纳尔用一条帆船去袭击敌人的海上航线。

卢克纳尔经过千辛万苦终于找到了一条被废弃的老船，并且给它取名"海鹰号"。在他亲自设计监督下，开始这艘船古怪的改造工程。

12月24日平安夜，"海鹰号"出击了，没想到非常顺利地突破了敌人的海上封锁线，抵达了冰岛水域，大西洋航线已经在望。结果，正当卢克纳尔高兴的时候，没有想到"海鹰号"和敌人的"复仇号"狭路相逢了。

"复仇号"是一艘现代的大型军舰，而"海鹰号"的火力只有两门107毫米炮，更何况还是一艘帆船，很显然硬拼是不行的。

于是卢克纳尔灵机一动，主动迎上去让他们检查，"复仇号"上的检查员见是一条帆船，看也不看，就放过了这艘暗藏杀机的帆船。

1917年1月9日这一天，"海鹰号"到达了敌人的海域，之后在卢克纳尔的指挥下，"海鹰号"突然发起攻击，全歼了敌人的船只，结果获得了巨大的胜利。

在战场上，需要我们有胆识，而在如今竞争激烈的社会中，我们更需要具备这种品质，只有这样才能够在竞争中胜人一筹。

世界上的第一辆踏板式摩托车的发明者李书福的成功就很好地诠释了这一内涵。

在1993年，李书福去某一个大型国有摩托车企业参观考察，当时他发现摩托车产销的势头都很旺，于是他抓紧机会，向这家国有企业的老总提出为他们做车轮钢圈配件的请求。

对方一听，笑道："这种高技术含量的配件怎么是你们这种民营小工厂能够完成的呢？"

不服输的李书福憋着一肚子气回到公司，于是他大胆提出了要自己制造摩托车整车的构想。可是当时，周围一片反对声，就连他的亲兄弟都笑他自不量力。

但是，内心坚定的李书福，面对一片反对声，并没有放弃这个大胆的想法。李书福只用了7个月的时间，就研发出摩托车覆盖件模具，并率先研制成功四冲程踏板式发动机。

接着，他又与行业的老大嘉陵强强联合，生产摩托车，不到一年即开发出中国第一辆豪华型踏板式摩托车，而且这种摩托车很快就替代了同类摩托车，不仅一直占据国内踏板式摩托车销量龙头地位，还出口美国、意大利等32个国家和地区。

到了1999年，吉利摩托车产销43万辆，实现产值15亿元，吉利集团也因此赢得了"踏板摩托车王国"的美誉。

### 【释用】

孔子所提倡的学习方法，并不是一味地读书，而不思考，这样到头来只能被书本牵着鼻子走，就会被书本所连累，从而受到书本表象的迷惑而不得甚解。

所谓"思而不学则殆",如果只是一味地埋头苦思而不进行一定的书本知识的积累,进而对知识进行研究与推敲,这样也只能是流于空想,问题仍然不会得到解决,也就会产生更多的疑惑而更加危险。唯有把学习和思考互相结合,才可以学以致用。

西方的哲人康德说过"感性无知性则盲,知性无感性则空"。这与孔子的"学而不思则罔,思而不学则殆"可谓是惊人的一致。

可见人类在知识的认知和获取上,不论地域、种族如何差异,其根本性的原则往往是同一的。

**【小语】**

当我们仔细观察,会发现凡是世界上有重大建树的人,取得最大成就的人,在他们攀登成功高峰的道路上,都会灵活地进行思考,并能够将别人看来"不切实际"的想法付诸实践,最后获得成功。

# 以思, 无益, 不如学也

子曰:"吾尝终日不食,终夜不寝,以思,无益,不如学也。"

——《论语·卫灵公》

**【解意】**

孔子说:"我曾经整天不吃饭,整夜不睡觉,去苦苦思索,结果没有益处,还不如去学习。"

曼里很喜欢钓鱼和打猎。他对美好生活的概念就是带着鱼竿和猎枪，走到森林里去。在那儿劳累一两天之后，再走回来，虽然全身污泥，但他很愉快。

曼里希望随时能享受到这种美好的生活，但唯一的烦恼就是他作为一位保险业务的推销员，花费在工作上的时间太多了。有一天他极不乐意地离开了他所喜爱的鲈鱼湖，回到了办公室。这时他产生了一种不着边际的想法：假定有一些人住在荒野的地方，而这些人又需要保险，那么，他就能在野外开展工作。真的，曼里发现了这样一群人：他们在野外从事修建阿拉斯加铁路的劳动，他们住在分散的工段房子里，绵延在800公里长的铁路线上。如果向这些人兜售保险单又怎样呢？

曼里在有了这个主意的那一天就制定了一个计划。他在请教了一位旅行代理人之后，就开始打行李包。他不中断他的准备工作，以免怀疑悄悄地溜来恐吓他，要他相信他的想法可能是轻率的，可能要失败。为了使他的想法不因有缺陷而被搁置下来，他立即乘船到了阿拉斯加的西沃德半岛。

曼里在铁路沿线往返了好多次，人们称他为"徒步斯威兹"。他非常受这些孤独家庭的欢迎，他向人们推销保险单，还免费给人理发，向那些只吃速食品的单身汉教授烹饪术。所有的时候，他都是做自然惬意的事，也是做他所想要做的事：踏遍群山，打猎、钓鱼——如他所说，"过着斯威兹式的生活！"

在寿险业务方面，有一种特殊的荣誉，是给那些在一年中能售出一百多万美元保险业务的人，这叫作"百万美元英雄"。在曼里的故事中，值得注意的和令人难以相信的是，曼里前往阿拉斯加的荒野，走无人愿意走的路，还成交了百万美元的业务。这一年他在这种"百万美元英雄"中取得了自己的地位。

"机不可失，时不再来"，这是任何人都明白的道理，但是总是有一些喜欢拖拉的人，他们面对机会总是犹豫不决，让机会白白地错过，仿佛在等待"最好的时机"。他们天天在考虑、在分析、在迟疑、在判断，迟迟下不了决心，总是优柔寡断，好不容易做了决定之后，又时常更改，不知道自己要的是什么，抓怕死，放怕飞。终于决定实施了，他们第一件事就是拖拉、不行动，告诉自己"明天再说"、"以后再说"、"下次再做"。即使采取了行动也是"两天打鱼，三天晒网"。这样的人，会永远一事无成，终生与失败为伍。

"明日复明日，明日何其多？我生待明日，万事成蹉跎。"没有什么习惯能够比拖拉更使人懈怠。它会损坏人的性格，消磨人的意志，使你对自己越来越失去信心，怀疑自己的毅力，怀疑自己的目标，怀疑自己的能力，从而让人变得一事无成。它还是人生的最大杀手，让人在生活和工作中忙乱不堪，让人失去与他人合作的机遇，更让人失去在工作和事业上成功的机会，从而让失败一直伴随着自己，让自己一事无成。

【小语】

一件事情想到了就要赶快去做，千万不要犹豫不定，如果什么事情都要想到百分之百再去做的话，那么你就要落于人后了。有些事，并不是我们不能做，而是我们不想做。只要我们肯再多付出一分心力和时间，就会发现，自己实在有许多未曾使用的潜在的本领。

要使做事有效率，最好的办法是尽管去做，边做边想。养成习惯之后，你会发现自己随时都有新的成绩：问题随手解决，事务即可办妥。这种爽快的感觉，会使你觉得生活充实，而心情爽快。

我国传统教育，家庭教子弟写字，无论有什么事打扰，也不准把一个字只写一半。即使这个字写错了，准备涂掉重写，也要把它写完再涂。这正是教人不忽视任何小事的最好的起点。在日常小事上养成有始有终的好习惯，将来做事才不会轻易半途而废。因此，无论大事小事，既然已经开始，就应勇往直前地把它做完。

# 吾有知乎哉？ 无知也

子曰："吾有知乎哉？无知也。有鄙夫问于我，空空如也。我叩其两端而竭焉。"

——《论语·子罕》

**【解意】**

**孔子说："我有知识吗？其实没有知识。有一个乡下人问我，我对他谈的问题本来一点也不知道。我只是从问题的两端去问，这样对此问题就可以全部搞清楚了。"**

有一家物业公司，公司的总经理有一天收到了一份购买两只小白鼠的发票，总经理感到大惑不解，于是就把购买这两只小白鼠的员工叫了过来，问他为什么要购买它们。

这位员工回答说："上周咱们公司去一个小区修理房子，当时需要安装新的电线，我们要把电线穿过一根十米多长，而且直径还不到二厘米的管道，更让我们头疼的是这根管子还被砌在了墙里面，拐了四个弯，我们当时谁都没有办法把电线穿过去，最后我就想到了一个主意。"

"结果我们到一个宠物店里面买了两只小白鼠，一公一母，然后把电线的一头系在公白鼠的尾巴上，而让母白鼠在管道的另一头'吱吱'地叫，结果这只公白鼠听到母白鼠的叫声，就顺着管道爬过去，而电线自然也就穿过去了。"

美国最早、最大的汽车制造商福特汽车公司在 1956 年推出了一款新车，这款新车无论是从造型还是性能上来说都是不错的，而且价格也非常合理，但是令人奇怪的是，这款新车上市之后卖得并不好。

福特公司的高层们为此可谓伤透了脑筋。而就在这个时候，有一位刚刚参加工作不久的新员工想出了一个主意，建议公司刊登广告，内容是："花 56 元买一辆 56 型的福特。"

这句广告词背后的意思：谁想买一辆 1956 年生产的福特汽车，只需要先支付 80% 的货款，而剩下的部分每个月只需要支付 56 美元。

结果就是"花 56 元买一辆 56 型的福特"的做法，一下子打消了很多人对于这款车价格的担心。

广告刊登还不到一个月的时间，奇迹就出现了。在此后的短短三个月时间里，这款汽车一下子就变成了福特汽车公司销售量最多的车型。

而这位提出创意的年轻员工也因此受到了公司高层的赏识，被调到了华盛顿的公司总部，后来他通过自己的努力成为了福特汽车公司的总裁。

正是这么一个小小的改变，就解决了福特公司的大问题。可见，一名优秀的员工一定是具有创新思维的人。

**【释用】**

俗话说："三分苦干，七分巧干。"这其实就是告诉我们，在做事情的时候一定要重视寻找解决问题的办法和思路，要用灵活的方法来解决问题，千万不能一味地蛮干。

变通是企业制胜的法宝，是我们每一个人获得发展、取得成功的不二法门，更是把复杂问题简单化的捷径。

【小语】

美国著名的企业家詹姆斯在总结自己成功经验时说道："你可以超越任何障碍。如果它太高，你可以从底下穿过；如果它很矮，你可以从上面跨过去。"

换句话说，在这个世界上根本不存在所谓的什么困难，唯一存在的就是暂时没有找到解决办法的问题，可能有时，当我们换一个思路来思考问题，就能轻而易举地找到解决问题的办法。

# 求也退，　故进之；　由也兼人，　故退之

求也退，故进之，由也兼人，故退之。

——《论语·先进》

【解意】

孔子说："冉求啊退缩，所以鼓励他；仲由啊好勇过人，所以约束他。"

玫琳·凯还是一名普通的家庭主妇时，一天，一位销售员向她推荐一套优秀的学前幼儿读物，玫琳·凯看过之后，认为确实十分好，但是这一套书需要 50 美元，这是她所负担不起的。

那个销售员看着玫琳·凯已充满泪水的双眼，对她说："如果今天下午你能够帮我卖出 10 套书，那么我就送给你一套。"玫琳·凯听后破涕为笑，随即逐一打电话给她所认识的妈妈们，在电话中，她热烈而富有激情地向她们介绍这套读物的多种优点，很多妈妈听过她的介绍，在还没有见到这套书的时候，就答应购买。经过玫琳·凯的努力，10 套书在一个下午就卖出去了，她也得到了属于她的那一套。

到了今天，玫琳·凯对待工作的激情已经世界闻名了，她认为对待工作的热情，是从事销售的原动力。无论是短期的零售促销员，还是收入不菲的营销人员，都要拿出百分之百的热情来对待客户。

**【释用】**

做事情只要自始至终让对方感受到你的热情，而且享受到你的热情。这样，对方会觉得如果不接受你就对不起你这一片热情，这样你的事情就成功了。

在所有的感情中，热情是最具感染力的一种感情，根据调查显示，在成功销售的案例中，95% 以上都是因为有热情的存在。所以，作为销售员，在工作中要充满激情；如果毫无激情，就会像脱水的蔬菜，毫无生机可言。

但大多数的销售员认为，只要赚够每个月的生活费，完成公司规定的任务就可以了。这样的人没有远大的理想，缺乏对工作的热情，这样的人又怎么能够成为顶尖的员工呢？

**【小语】**

据专家分析，热情在事情成功的因素中占95%的比重，而对产品的认知仅占5%。销售员的热情能够促使交易的成功，也能够感染对方。就如同要说服别人，首先就要说服自己，想要让对方保持着激情，我们自己就要先充满激情。所以，每一个员工都要养成一见到顾客，就要让自己进入最佳的状态的习惯。

不管我们是作为新员工还是老员工，养成这一习惯，就算我们是新手，只掌握了最基本的产品知识，我们也能够把产品销售出去；反之，就算我们是经验丰富的资深人员，掌握了丰富的产品知识，没有了激情，一样不能够说服对方。

# 有教无类

子曰："有教无类。"

——《论语·卫灵公》

**【解意】**

**孔子说："人人都可以接受教育，没有（贫穷、地域等）区分。"**

有一位年轻和尚不论晴天或风雨天，不论早晨或黄昏，总是默默地站在大树下托钵化缘。尽管路口霓虹闪烁，车马喧嚣，他总是紧闭双目，纹丝不动地伫立着，他的神态与毅力，深深地令人折服。

树下常有两三位蓬头垢面、敝衣褴褛的小孩在追逐嬉戏。有一次，两个小孩竟公然窃取和尚钵里的缘金，而和尚却视若无睹。

其实，小孩的偷窃行为并非"偶然"，而是一种"习惯"。和尚的缘金竟成了他们固定的一种收入。

几天后，那位和尚仍然默默地站在那儿化缘，但旁边多了两位小沙弥。原来竟是那两位偷窃缘金的小孩。

## 【释用】

如果孔子只是单纯地强调人人都有受教育的权利，那么他应该精练地说"有教无类"；如果孔子仅仅是在说自己，那么他应该确切地说"吾教无类"。其实孔子是在强调"无类"之前首先强调了"有教"，"有教"是"无类"的前提。

"有教"可能会有两种情况：第一，孔子在训导弟子们，要取得、拥有教育的资格本领，开展、普及教育。孔门后辈弟子重视为师传道，似可确证此意。第二，孔子在一般性地论述，一个国家要高度重视并发展面对全社会的教育事业。其实，"有教无类"本身就是两个重点，"有教"与"无类"是同等重要的。

## 【小语】

在有的时候，解决问题就好像我们解答数学题，一个问题可能有多种解法。一个人如果能够每天都寻找更好的方法来解决问题，那么他的工作不但会完成得非常出色，而且自己也势必会学习到很多新的知识，头脑也将变得越来越灵活。

只有具备了创新能力，才拥有了核心的竞争力。美国著名的心智发展专家约翰·钱斐说道："创新能力是一种强大的生命力，它能给你的生活注入活力，赋予你生活的意义。创新能力是你命运转变的唯一希望。"可见现如今寻找新的方法是多么的重要。然而现在很多的企业员工只知道按常规办事，不具备强劲的竞争力，这样也是很难创造出卓越的成绩的。

# 士志于道，　而耻恶衣恶食者，　未足与议也

子曰："士志于道，而耻恶衣恶食者，未足与议也。"

————《论语·里仁》

## 【解意】

孔子说："士的志趣在于道，而他若以自己穿得不好，吃得不好为耻辱，那便不值得和他讨论真理了。"

古时候有一个读书人，每天都在背着孔曰成仁、孟曰取义的词句，大有一副两耳不闻窗外事的超然境界。每天他的妻子都会把做好的饭菜送进他的书房，尽管只是一些粗茶淡饭，他却一点也没觉得有什么不好，吃得津津有味。

由于他长时间闭门不出，除了书里的那些东西以外，对外面人所过的日子可以说是一无所知，所以他始终认为，自己家什么样子，别人家也是什么样子，而自己是迟早要做大学问的人，总有一天会拥有比别人

还要优越的日子。

　　直到有一天，这位读书人看书真的看疲倦了，走出家门去呼吸外面的新鲜空气，顺便看看别人的日子是什么样子。就这样，他穿过了小巷，走到了大街上，融入了川流不息的人群中。他走着走着，忽然抬头看到了一位衣着华丽的富商，他的身边光随从就跟了四个，个个对他毕恭毕敬。读书人看看这位富商的架势，再看看自己的衣衫褴褛，不由心生了一种羡慕，而这种羡慕慢慢地转化成了忌妒，他想："为什么他能过上这样的生活，难道他比我读的书多么？"他一边想，一边跟在富商的后面走，眼看富商走进了一家高档的酒楼，读书人顺着敞开的门往里面看，这才发现里面的饭菜和自己家的简直可以说是天壤之别。里面的人也都身着华服，个个举杯畅饮。这时候读书人再也无法抵挡这种生活的诱惑，自己也不知不觉走进了酒店的门口，店小二很和气，招呼他坐下，又拿来了店里的菜单给他看。只见他装腔作势地打开菜单，却一下子被眼前的标价吓到了。这时候他几乎摸遍了自己衣服的每一个角落，最终只翻出了五个铜钱。看着小二不解的神情，读书人一下子不知该如何是好，心中充满了自卑和羞愧。

　　就这样，这个读书人见人不注意，悄悄地从酒楼里溜了出来，当他回到大街上，一种从来没有过的失落感充斥着他整个身体。他开始怀疑自己存在的价值，开始摒弃曾经爱不释手的书卷，那些头头是道的大道理如今却连一顿美餐都换不回来。别人没有自己懂得多，却是每天的锦衣玉食，手里有花不完的银子，享不尽的荣华。

　　回到家，读书人难过地对妻子说："我读了那么多年书，一心想成为一代圣贤，可这么多年过去了却终无所成，连一顿像样的饭都吃不起，连一件像样的衣服也没穿过，一辈子如此有什么意思。"

　　听到丈夫说出这样的话，妻子稍作沉稳地说："夫啊，你怎么一下子从那么聪明的人变糊涂了呢？锦衣玉食不过是过眼云烟，人这辈子最重要的是懂得了人生的道理，你始终以闻道而自豪，如今怎么一下子变得世俗了呢？"

读书人一下子回过神来："是啊，华服美食看似美好，怎抵得上真理的无价呢？我此生本应为了追求真理而生，怎能为这些世俗的纷纷扰扰而困惑呢？娘子，我明白了。"

从此以后，夫妻二人又过上了和以前一样的日子，读书人更加钻研苦读，最终功成名就，得到了朝廷的重用，成为了一个有名的学者。

### 【释用】

人人皆知志当存高远，但有人挂在嘴上，有人体现在行动上。诸葛亮崇尚"淡泊明志、宁静致远"，但他同时用自己的一生做出了最好的证明。相反地，有些标榜自己有崇高理想远大追求的人，却常常会因为自己衣食不够档次不够体面而感到不好意思甚至觉得是一种耻辱，这样的人，你还会认为他是有精神追求的人吗？

如果拿衣食来与人比较，很多时候我们常常处于水平和档次较低的层次，但这并不影响我们感知生活的快乐，也不影响我们对精神和理想的追求，这大概就是孔子为什么要在《论语》开篇就告诉我们应该学会"自得其乐"的原因所在。

如果换一个角度，观察一个人谈论最多的话题内容我们也可以基本判断其理想追求、人生志向。

一个整天把吃喝挂在嘴上的人，不见得就是美食家；

一个整天只知谈论东家长西家短的人，常常并不是法官；

一个喜好谈论是非说三道四的人，其精神境界值得怀疑；

一个人如果只关注衣食之类的生活琐事，很难想象他有高远的志向。

　　人的欲望是可以改变的，但是真理却是永恒的，当我们看穿了自己，看透了世道，就会发现曾经很多自己认为很重要的东西，不过是浮云而已。如果你真的想得到快乐，真正想找到自己存在的价值，那就顺着真理的印记一步步地走下去吧，因为它才真正是世间带有美丽光环的使者，只有它才能帮助你排除杂念，更好地执着专注于自己的理想。

# 第七课　情感智慧：
## 抓紧人性的根本

　　阅读《论语》，我们会发现孔子言谈范围甚广，但是其核心却只是一个字"仁"，而"仁"主要体现在：孝、悌、忠、信、礼、义、廉、耻。但是给我们留下深刻印象的就是"孝"。孔子的学生有子说："孝弟也者，其为人之本与。"所以说在孔老夫子眼中，孝顺父母，敬爱兄长，是实行仁德的根本。

# 事父母几谏， 见志不从

子曰："事父母几谏，见志不从，又敬不违，劳而不怨。"

——《论语·里仁》

**孔子说："侍奉父母的时候，如果发现父母的言行有什么不妥之处，一定要委婉地进行劝说，如果父母不肯听从的话，那么也应该保持恭敬之心，不要违背父母的意愿来按照自己的意思行事。尽力做自己应做的事情，不要对父母有所怨言。"**

有一天，王丽和母亲吵架了，结果一气之下王丽冲出了家门，走进了茫茫的夜色中。漫无目的地走了一段路之后，王丽发现自己走得太匆忙了，居然一分钱也没有带，甚至连打电话的钱都没有！夜色渐深，王丽已经是饥肠辘辘，就在这时，她忽然看到一个小小的馄饨摊，一位老婆婆在摊前忙碌着。

馄饨的香气扑鼻而来。老婆婆早就注意到了这个一脸忧伤的女孩子，老婆婆热情地招呼："小姑娘，吃碗馄饨吧！"王丽转过身，尴尬地摇摇头，说："我忘记带钱了……"老婆婆笑了笑："没关系，我请你吃。"

片刻之后，老婆婆端上来一碗馄饨和一碟小菜。王丽刚刚吃了几口，便忍不住掉下了眼泪。

"小姑娘，怎么了？"老婆婆非常关切地问道。顿时，王丽心头感到一股暖流，边哭边把她的委屈讲了一遍，言辞之中有很多是怪罪母亲的话。

老婆婆听了之后，摇了摇头说："你怎么可以这样想呢！我只不过是煮了一碗馄饨给你吃，你就这么感激我，而你的妈妈给你做了十多年的饭，从小到大照顾你，你怎么不感激她呢？为什么还要跟她吵架呢？"当王丽听完这句话，愣住了。

此时，在王丽的脑海中浮现出许多小时候母亲疼爱自己的画面。

馄饨吃完之后，王丽谢别了老人，朝家走去。当她走到自家胡同口的时候，发现妈妈正在焦急地左右张望。

### 【释用】

曾经有人说，"天下有不是的子女，无不是的父母。"其实这句话并不一定对。俗话说："金无足赤，人无完人。"即使是圣贤也会犯错，更何况普通人。

父母在有的时候也不一定完全对，但是无论如何，父母所做的一切，出发点还是为你好、为你考虑，他们绝对没有害你的心。

在生活当中，我们经常会和父母的意见不一致。这些都是很正常的，每个人对同一个问题的理解都不一样，都会出现差异，而且我们每个人的思维方式不同，即使是子女和父母，为此很可能会产生矛盾，继而代沟也就产生了。那么，在这种情况下，怎么孝顺父母呢？

孔子认为：当我们与父母意见出现矛盾的时候，可以先陈述自己的见解，但是不要固执己见，父母听你的劝告最好，即使不听也不必较真。父母说让你干什么你能干的话就一定要去做，不能干也千万不要直接就推辞，这样会伤了老人家的心，孔子认为这才是真正的"孝"。

其实，现在很多家庭中的所谓争吵以及由此而带来的家庭成员之间的冷漠，都是由于缺乏相互之间的理解和谦让、过于固执自我所造成的，而这样下去的最终结果必然是出现相互伤害。所以孝顺父母一定要走进父母的内心世界，学会理解他们的想法。

现在有的孩子从小就在"糖罐"中成长，但是他们却忘记了自己的"糖罐"是从何而来，更忘记了父母迟早也会有年迈需要他照顾的一天，现在的一切对于他们来说似乎是天经地义，他们认为什么事情都会有父母来照料。殊不知，看到一天天成长起来的孩子，父母也会在内心寻找一种依托和港湾。

"孝"是中华民族的传统美德，更是其他美德的基础，所谓"百善孝为先"，"乌鸦反哺，羔羊跪乳，不孝父母，禽兽不如"，在赡养父母这个问题上，我们应该多想想当初父母是如何含辛茹苦把自己拉扯成人的，更应该想想自己希望以后自己的孩子怎么对待自己，这样，你就知道自己应该怎么做了！

# 父母之年， 不可不知也

子曰："父母之年，不可不知也。一则以喜，一则以惧。"

——《论语·里仁》

【解意】

孔子说："父母的年纪、生日，不可不时时记在心上。一方面因为

**父母的寿高而高兴，一方面又因他们寿高而有所忧惧。"**

有一次，孔子到齐国去，在途中听到有人哭的声音，而且那声音非常悲哀。于是，孔子对他的家仆说："这哭声悲哀是悲哀，但却不是丧亲的人的悲哀。"结果他们继续驱车上前，刚走了一段路，就看到一个和平常人不一样的人，只见那人抱着镰刀，戴着生绢（表示守孝），哭的样子却不甚悲哀。

孔子下车之后，追上去向他问道："您是什么人？"回答说："我是丘吾子。"孔子问："你现在不是在办丧事的地方，为什么还哭得这么悲伤呢？"丘吾子说："我失去了三样东西，自己发现的时候已经太晚了，现在后悔哪里还来得及啊。"

孔子说："您失去的三样东西，可以告诉我吗？希望您能告诉我，不要隐瞒。"

丘吾子说："我年轻的时候很爱学习，周游天下，后来，失去了我的双亲，这是我的第一失；之后，我又长期辅佐齐君，但是他骄傲奢侈，失去了很多人才，我作为臣子的气节没有实现，这是我的第二失；我平时很少有至交好友，有一些朋友现在都分离，甚至是断绝了联络，这是我的第三失。树想要停下来，但是风却不停；儿子想服侍父母的时候，可是父母却已经去世了。不再回来的是时间，不能够再见的是双亲，请让我现在和您告别，就去投水而死吧。"于是丘吾子便投水自尽了。

孔子后来说："大家一定要记住此事，这足以作为戒律。"从那以后，孔子的弟子中辞学回家服侍父母的人越来越多。

## 【释用】

在《论语》里面，有很多关于亲情具体而入微的论述，这正是因为孔子自己本身就是一个非常重亲情、讲孝道的人。

其实我们的很多遗憾与悔恨往往就源于自己对自身已有生活的冷漠。相反，我们对自己未曾得到的东西总是充满了渴望与关注，并且孜孜以求。"得到的太容易，所以不知道珍惜。得不到的东西，才是最好的。"这就是我们一种很矛盾的劣根性。它让我们在不断追求外在事物的同时，又不断失去了自身所拥有的更加宝贵的财富。试想一下，在这个世界上，难道还有比父母之爱更加无私和伟大的情感吗？

**【小语】**

我们每个人对于自己的生日都能够熟记，而且，除了自己的以外，在日常的生活当中，肯定还记着朋友、同学、老师、上司等其他人的生日，以便能够随时提醒自己去及时地为他们送去祝福。可见，过生日已经成为了一个人生活中不可或缺的内容。

但是让我们感到遗憾的是，我们当中有许多人却不大能说得清或记下自己父母的年龄与生日。

可能父母每年都会给你过生日，但是我们却连自己父母的生日都不知道。你知道父母的生日吗？现在认识到自己以前的不足之处，幡然醒悟，还是来得及的。我们应该记住：对谁不好，也不能对自己的父母不好，谁跟你再亲，也不如父母跟你亲。特别是当父母的年纪越来越大了，不抓紧时间尽孝，最后留给你的，除了悔恨和自责，那还能有什么呢？

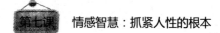

# 今之孝者， 是谓能养

子游问孝，子曰："今之孝者，是谓能养。至于犬马，皆能有养，不敬，何以别乎？"

——《论语·为政》

**【解意】**

**子游请教孝道，孔子说："今天人们所说的尽孝，只是说能够向父母提供衣食生活的物品。如果是这样，那其实和养狗、养马差不多。如果向父母尽孝但是又不尊敬他们，那又和养狗、养马有什么区别呢？"**

曾经有一个儿子回乡办完父亲的丧事，要他的母亲跟随他进城生活，可是母亲执意不肯离开清静的乡下，说过不惯都市的生活。

后来，儿子并没有勉强母亲，说好以后每个月会寄给母亲 300 元生活费。这个村子十分偏僻，邮递员每一个月才会来一两次。

这几年来，村子里面外出打工的人逐渐增多，所以邮递员在村里出现的日子就是留守老人的节日。每次邮递员一进村就会被一群大妈、大婶和老奶奶围住，争先恐后地问有没有自己家的信件或者包裹，然后又三五人聚在一起评说对方的东西，或者是传递自己的喜悦，把这份喜悦与大家一起分享。

有一天，邮递员交给母亲一张汇款单，母亲脸上立即洋溢出喜悦，因为这是她的儿子寄来的。这张 3600 元的高额汇款单在村子里面的大妈、大婶们手里传来传去，每个人都是一脸的羡慕。

又过了几个月，儿子收到了母亲的来信，母亲在信中只有短短几句话，说儿子不应该把一年的生活费一次寄回来，明年寄钱的时候一定要按月寄，一月寄一次。

结果，很快一年就过去了，儿子由于工作缠身，回老家看望母亲的愿望无法实现，儿子本来想按照母亲的嘱咐每个月寄一次生活费的，但是又担心工作忙怕忘了误事，便又到邮局一次性给母亲汇去 3600 元。

可是让儿子没有想到的是，几天之后，儿子收到了一张 3300 元的汇款单，原来是母亲汇来的。正当儿子百思不得其解的时候，收到了母亲的来信。

母亲再一次在信中嘱咐说，要寄就按月给她寄，不然的话她一分也不要，反正自己的钱够花了。

儿子对于母亲的固执非常不理解，但还是按母亲的叮嘱做了。后来，他无意间遇到了一个来城市里面打工的老乡，顺便问起了母亲的近况。

老乡说，你的母亲虽然一个人生活，但是生活得非常快乐，特别是邮递员进村的日子，你的母亲就好像过节一样欢天喜地。收到你的汇款，她都要高兴好几天呢！

儿子听着听着就已经泪流满面，他直到这个时候才明白，母亲为什么坚持要他每个月给她寄一次钱，原来就是为了一年能享受 12 次快乐。

母亲的心不是在钱上，而是在儿子的身上。

【释用】

对于尽孝而言，为父母提供最基本的经济保障，从而让父母衣食无忧，这当然是必要的。

那么尽孝是否就是向父母提供衣食呢？当然不是。其实早在孔子生活的春秋时期，社会上就曾经流行过这种观点，孔子对此非常不满，并且针对这种现象说了以上这段发人深省的话。孔子认为如果尽孝只是简单地向父母提供一些衣食，仅仅能够保证他们不挨饿受冻的话，这种赡养与养牛养马、养猫养狗是没有什么本质上的区别的。

可见，孔子所说的尽孝并不仅仅是简简单单地满足父母衣食等物质方面的需求，还是要有一颗切实"恭敬"的心。孝顺父母，最基本的是衣食，但是最重要的却是在于恭敬之心。

**【小语】**

有的人甚至以为金钱和物质无所不能。殊不知，金钱和物质是不可能换来一个人的亲情与孝心的。孝不仅仅是形式，更是一种发自内心的真挚情感，还是一种爱的心情。孝也不仅仅在于提供父母衣食，更重要的是出自内心的"爱"和"敬"，孤独老人缺少的绝对不是钱，而是他们更希望得到子女们的关心。

有一则公益广告将这种情感诠释得淋漓尽致：一位年迈的母亲在中秋佳节的时候满心欢喜，精心准备了饭菜，最终却只等到儿女们的电话，顿时神情落寞。

富裕的物质生活就是表面的形式而已，老人甘愿每天粗茶淡饭，只是希望儿女能够常回家看看，这也让我们不由得想起多年前的一首歌《常回家看看》，正是这首歌曲，不知道出了多少父母的心声。

# 父母唯其疾之忧

孟武伯问孝，子曰："父母唯其疾之忧。"

——《论语·为政》

**孟武伯请教孝道，孔子说："做父母的一心为儿女的疾病担忧。"**

很久以前，有一棵非常大的苹果树，而有一个小男孩每天都喜欢在苹果树下玩耍。他有的时候爬树，吃苹果，有的时候在树荫下小睡……这个孩子是那么的爱这棵树，而树也爱和他玩。时间过得很快，小男孩慢慢长大了，他不再每天来树下玩耍了。

有一天，男孩再一次来到树下，注视着树。树说："来和我玩吧。"男孩回答道："我不再是小孩子了，我再也不会在树下玩了。我想要玩具，我需要钱去买玩具。"树失落地说："对不起，我没有钱……但是，你可以把我的苹果摘下来，拿去卖掉，这样你不就有钱了吗？"男孩兴奋地把所有的苹果都摘下来，高兴地离开了。男孩摘了苹果之后很久都没有回来，树非常伤心。

终于有一天，男孩回来了，树非常激动。树兴奋地说："来和我玩吧！""我没有时间玩，我要工作，这样才能养家糊口。我们需要一幢房子，你能帮助我吗？""对不起，我没有房子，但是你可以把我的树枝砍下来去盖你的房子。"男孩听后非常高兴，他把所有的树枝都砍下来，高兴地离开了。

看到男孩这么高兴，这棵苹果树非常欣慰。可是，从此之后，男孩又很久都没回来，苹果树再一次孤独、伤心起来。

在一个炎热的夏日，男孩终于回来了，树很高兴。树再一次说道："来和我玩吧！""我过得一点都不快乐，我现在正在一天天变老，我好想去旅行放松一下。你能给我一条船吗？""用我的树干造你的船吧，这样你就能够快乐地航行到遥远的地方。"之后，男孩又把苹果树的树干砍下来，做成了一条船。他去航海了，很长时间都没有露面。

过了很多年之后，男孩终于回来了。"对不起，孩子，我再也没有什么东西可以给你了。"树说。"我已经没有牙咬苹果了。"男孩回答道。"我也没有树干让你爬了。"树说，"我真的不能再给你任何东西了，除了我正在死去的树根。"树含着泪说。

"我现在已经不再需要什么了，我只希望找个地方好好休息。过了这么些年，我累了。"男孩回答道。"太好了，老树根正是休息时最好的倚靠，来吧，孩子，来坐在我身边，休息一下吧。"男孩这一次坐下了，树很高兴，含着泪微笑着……

#### 【释用】

作为父母，当他们决定养育一个孩子的时候，就已经下定了做出重大牺牲的决心，无论孩子出现什么先天疾病，还是后天缺陷，父母都可以包容，因为孩子是他们的责任，更是他们的血脉。但是当孩子长大成人之后，特别是已经到了应该自谋出路的年龄，是不是还应该待在家里，继续由父母养活呢？

找工作，独立生活，计划开支，甚至交朋友，买房子成家，这些都应该是成年子女完全能够自理的事情，如果一天到晚还让父母为这些事情操心，还需要替你张罗，替你出钱、出力，这样就太过分了。

为人子女，其实有的时候应该心里明白，哪些事可以让父母为你操操心，哪些事应该独立解决，再也不能给父母添麻烦了。

**【小语】**

孔子和孟武伯之间这段关于孝道的对话，其实也包含了对于成年子女的事，哪些还是父母免不了会操心之类内容的论述。而其实只有一项，就是子女生病了，父母免不了要担忧，但在其他方面就不要让父母操心了，如果做子女的能够做到这一点，就是孝。

但是，往往有的人做不到这一点，而且他们不仅不以此为耻，反而是无动于衷，漠然视之。

但是，作为父母却从来没有过抱怨，他们能给予子女一种完整、无私的爱。


# 有酒食， 先生馔， 曾是以为孝乎

子夏问孝，子曰："色难。有事，弟子服其劳；有酒食，先生馔，曾是以为孝乎？"

——《论语·为政》

**【解意】**

子夏请教孝道，孔子说："孝道难就难在儿女在父母面前总是能够保持和颜悦色。遇到事情，由年轻人效劳；有了好吃好喝的，则应该让

**年长的人享用，（仅仅做到这样）就可以认为尽孝道了吗?"**

美国的麦克阿瑟路在投身革命之后，虽然经历了长年战乱、远离家乡，但是总是千方百计往家中寄家书，让父母知道自己的近况，并且向父母请安问好。

在战争结束之后，麦克阿瑟路的父母并没有同麦克阿瑟路一起居住，麦克阿瑟路除了每月给父母寄上足够的生活费之外，仍然在百忙当中挤出时间亲笔给父母写信，聊叙家事，宽慰老人。

1998 年，身居要职的麦克阿瑟路已经 62 岁了，在这一年的春天，麦克阿瑟路途经萨克斯木镇，当时他的老母亲已经年过八旬，重病在身，住在萨克斯木镇麦克阿瑟路的弟弟家中。

于是麦克阿瑟路与他的夫人前去看望。老人病重，有的时候小便失禁，麦克阿瑟路刚到母亲房中，恰巧遇到母亲换下一条被尿濡湿的裤子。母亲担心让儿子见到污浊之物，便不停挥手、使眼色，要让身边照顾她的保姆把裤子藏起来，不让麦克阿瑟路看见。

结果保姆慌忙之中将裤子扔到了床下。麦克阿瑟路走上前去，拉住母亲的手关切地问道："母亲，您把什么东西扔到床下了?"

母亲连连摇头说："没什么，不关你的事。快坐下，跟我聊聊天!"麦克阿瑟路笑了笑，对母亲说："妈妈，您怎么对我也保密起来了?"说着，就弯下身去，要看个究竟。母亲见瞒不住，只好坦白真相。

麦克阿瑟路听完之后，眼圈红了，动情地说："妈妈，您久病在身，我不能够在您的身边侍候您，心里有说不出的难受。这裤子应该马上拿去洗了，还藏着干什么?"

说完，麦克阿瑟路一手拿过裤子，并对保姆说："我母亲的病如此沉重，平时不知道给你们添了多少麻烦，今天就让我去洗吧!"

保姆说什么也不让，母亲更是赶紧阻拦。但是麦克阿瑟路却非常诚恳地说:"妈妈,我不是说着玩的,您就答应了吧。小的时候,您不知道给我洗过多少,儿子再怎么做也难报答养育之恩。"

【释用】

和颜悦色地对待父母是非常重要的,但是真正做到却很不容易。有句俗话叫"久病床前无孝子",其实讲的就是这个意思。

一天两天还好说,一月两月忍忍也过去了,可是如果是一年两年呢?想想就觉得困难重重了。假如父母长时间卧病在床,生活不能自理,即便儿女心中再孝顺,有的时候也难免流露出厌烦的神色,这个时候父母心中的滋味恐怕就更加难以陈述了。一方面会觉得因为给儿女的生活和事业带来极大的拖累而心中难过,但是另一方面也会对儿女感到隐隐的失望。

【小语】

对于每一个人来说,生活幸福与否往往最终取决于他的精神感受,而不是取决于他的物质感受。我们细心体会一下就可以察觉,一些没有钱的人往往会憧憬好的物质享受,但是一些有钱的人对于物质的刺激已经渐渐趋于麻木。他们的一个共同的特征就是全都因为局限于物质享受而普遍缺乏幸福感。

物质享受带给我们人类的感官刺激就好像是黄粱一梦,总是让人不由自主地陷入患得患失的两难困境。而在我们的身边,只要我们善于观察,我们又总可以见到,一些人无论物质贫穷还是富足,整天却都是在乐呵呵地享受生活。

由此可见,精神问题才是关乎一个人一生幸福的大问题。只有那些精神富足的人才会始终保持快乐的心情。俗话说得好"好言一句三冬暖",和颜悦色地对待人和自然,就能够让每个人心情舒畅、精神愉悦;而这远远要比那些物质刺激有效持久得多,特别是对父母尽孝更应该如此。

# 爱之，能勿劳乎

子曰："爱之，能勿劳乎？忠焉，能勿诲乎？"

——《论语·宪问》

## 【解意】

**孔子说："真要爱他，能不叫他吃点苦吗？真要忠于他，能不教诲他吗？"**

王东宇曾经在自己的两个儿子还只有八九岁的时候，就让他们参加自己公司的大小会议，让孩子们列席旁听，甚至还针对某些问题让孩子们发表自己的见解。

后来，这两个孩子耳濡目染，慢慢领会了父亲以诚信取胜的生意理念，分析解决问题的能力也得到了显著的提高，为他们以后在事业上的成功奠定了坚实的基础。

当这两个孩子都以优异的成绩从美国斯坦福大学毕业之后，他们向父亲王东宇表示想要在他的公司里任职，干出一番事业。

可是令两个孩子没有想到的是，王东宇断然拒绝了他们的请求。他对自己的两个孩子说："我的公司不需要你们，江山是需要靠自己打拼得来的，要以实践证明你们是否适合到我公司来任职。"

结果，兄弟两个人都去了加拿大，一个开始投身地产开发，一个则搞起了投资银行。他们正是凭着从小养成的坚忍不拔的毅力，克服了创业过程中难以想象的困难，把公司和银行办得是有声有色，最后成为了加拿大商界出类拔萃的人物。

清代著名的画家郑板桥，虽然是晚年得子，但是却不溺爱，事事从严要求。临终的时候，提出要吃儿子亲手做的馒头。当儿子做好馒头端到桌上的时候，郑板桥已经咽气了。

冯玉祥将军曾经对子女们说："作为你们，要紧的是学本事，学能耐，要自己先能够站立得定，然后尽力去帮助别人。"冯玉祥要求自己的儿子也必须学会织毛衣，以及简单的裁剪和踏缝纫机。特别是每到寒暑假的时候，冯玉祥会把孩子们送到林场去学习伐木，或送到奶牛场去学挤牛奶。

### 【释用】

"舐犊情深"这是人的本性，我们怎么才能给孩子真正的爱呢？看似非常简单的问题，但是现如今却有许多家长看不透、看不穿，反而陷入到了"溺爱"的深渊而不能自拔，这只是简简单单的"当局者迷，旁观者清"吗？当我们看完孔子说的话，就能够得到正确答案了。

爱他，要让他懂得生活的辛劳，并且已经能够忠诚对事，也需要对其进行教诲。忧劳举国，逸豫亡身。根基不稳的植物在外界的压力是不容易存活的，但是夹缝中的小树却能够傲立风霜而不倒。

培养孩子们就是应该让他们吃点苦头，一分一厘，这些都是来之不易的；懂得了做人做事的艰辛，孩子们在以后才会认真对待自己的人生。

### 【小语】

"溺爱"和"爱"虽然只是一字之差，但却是"失之毫厘，谬以千里"，真正的爱，是磨炼、是放手、是给予孩子更多的空间。如果孩子不知道自己该如何去生存，那么孩子势必会被社会现实无情地淘汰。如果孩子在父母身边永远有所依靠，那么当孩子在他有朝一日独立去面对这个世界的时候，必然将无所适从。

溺爱对于孩子的成长是非常不利的，会造成孩子孤傲而脆弱的不良性格；贪图物质享受的不满足感；以及对人缺乏爱心，只知道什么事情为自己考虑的自私冷漠心理；对事情缺乏是非观念，单凭个人的喜好做事情的处世原则；对生活更是缺乏自强、自立、自信的思想意识。

教育孩子应该注重培养他们独立的意志品格，千万不要娇生惯养，溺爱反而会生害。孩子只有依靠自己的努力，学习和掌握今后立足于社会的本领，这样才能在离开父母的庇护之后成为一个坚强的独立个体，展翅高飞。

# 朋友之馈， 虽车马， 非祭肉不拜

> 朋友死，无所归，曰："于我殡。"朋友之馈，虽车马，非祭肉不拜。
>
> ——《论语·乡党》

**【解意】**

（孔子）的朋友死了，没有亲属负责殓埋。孔子说："丧事就由我来办吧。"朋友有馈送，除了祭肉，即使是车马这样的贵物，孔子受赠时也是不拜的。

大家熟知的蔺相如曾经是赵国宦官缪贤的一名舍人，缪贤曾经因为犯法获罪，打算逃往燕国躲避。结果蔺相如问他："您为什么选择去燕国呢？"

缪贤说："我曾经跟随大王在边境与燕王相会，燕王曾经握着我的手，表示愿意和我结为朋友。所以我想燕王一定会接纳我的。"

蔺相如劝阻他说："我看未必啊。赵国比燕国强大，您当时又是赵王的红人，所以燕王才愿意和您结交。如今您在赵国获罪，逃往燕国是为了躲避处罚。燕王会因为惧怕赵国，势必不敢收留，他甚至有可能把你抓起来送回赵国。你不如赶紧向赵王负荆请罪，也许有幸获免。"缪贤听完蔺相如的话觉得有道理，于是就按照蔺相如所说的办，向赵王请罪，果然得到了赵王的赦免。

还有这样一个故事，晋国的大夫文子流亡在外，在经过一个县城的时候，随从说："此县有一个啬夫是你过去的朋友，你为什么不在他的舍下休息片刻，顺便等待后面的车辆呢？"

文子说："我曾经非常喜欢音乐，而这个人给我送来鸣琴；我爱好佩玉，这个人就给我送来玉环。他既然会这么迎合我的爱好，就是为了得到我对他的好感。所以，如今恐怕他也会出卖我，从而去求得别人的好感。"

于是文子并没有停留，反而匆匆离去。结果，那个人果然扣留了文子后面的两辆车马献给了自己的国君。

### 【释用】

在古代，是非常重视殡葬之"礼"的，一个人如果不能够入土为安，这是一件很凄惨的事情，要不然古代怎么会有那么多的人宁可自卖自身，也一定要把亲人下葬呢！

众所周知，办理丧事也是要花很多钱的，特别是在古代。而且对于孔子来说，他并不富裕，可是在平常的时候，朋友有通财之义，孔子的朋友送给孔子东西，哪怕是像车马这样的贵重礼物，孔子接受了，但是却不回拜。

这说明了什么呢？如果用一句简单的话来说，就是"平常不言谢，患难见真情。"平常你送我再贵重的礼物，我铭刻在心，但是却没有必要假惺惺去回拜致谢，因为我已经把你当作真正的朋友。俗话说，"君子大恩不言谢"，作为朋友，当你真正到了生死存亡的危急时刻，我即使再困难，倾家荡产，也会对你伸出援助之手。

### 【小语】

古人说："疾风知劲草。"在海拔很高的地方，大风吹来了，所有的草都倒下去，只有一种草还能够顽强地立着，它叫"劲草"，而交朋友也须交"劲草"类的朋友。

很多人都曾经感叹：志同道合、肝胆相照的真朋友真是太少了，而虚与委蛇，在利益面前经不住考验的假朋友却很多。对一个人认识不清就把他当作忠诚的朋友是非常危险的，他在危难时刻不仅不会帮助你，反而还会做一个落井下石的人。

而忠诚的朋友则是给你带来稳定的信任，你在任何时候都可以向这位朋友发出请求，他也会尽自己最大能力帮助你。

"多个朋友多条路"这是我们的共识。在你遇到困难、需要帮助的时候，你在朋友当中最先想到谁呢？如果这时候能够有一两位朋友伸出援助之手，这将是一种多么伟大的幸福。在我们这个社会中，重义轻利把友谊看得极为神圣的人是大有人在的。但是我们也不应该否认，社会上确实还有另外一种人存在，仅仅把朋友当作可供利用的资源，一旦人家失势找上他时，他就立即换上另一副面孔。

# 后生可畏，焉知来者之不如今也

子曰："后生可畏，焉知来者之不如今也？四十五十而无闻焉，斯亦不足畏也已。"

——《论语·子罕》

**【解意】**

**孔子说："年轻人是值得敬畏的，怎么就知道下一代不如上一代呢？如果到了四五十岁的时候还是默默无闻，那他就没有什么可以敬畏的了。"**

有一次，孔子在游历的时候碰见了三个小孩，其中有两个孩子正在玩耍，另一个小孩却站在旁边。孔子觉得非常奇怪，就问站着的小孩为什么不和大家一起玩。

小孩很认真地回答："激烈的打闹能够害人的性命，拉拉扯扯地玩耍也会让人的身体受伤；再退一步说，撕破了衣服，这也不是什么好事情啊。所以我不愿和他们玩。这有什么可奇怪的呢？"

过了一会儿，小孩用泥土堆成了一座城堡，自己坐在里面，很长时间没有出来，而且也不给准备动身的孔子让路。

这一次，孔子忍不住又问："你坐在里面，为什么不避让车子？"

"我只听说车子要绕城而走，没有听说过城堡还要避车子的。"孩子非常自信地说。

孔子听完之后非常惊讶，觉得这么小的孩子居然能够说出这样的话，实在是了不起，于是赞叹地说："你这么小的年纪，懂得的道理还真不少呀！"小孩却回答说："我听人说过，鱼生下来，三天就会游泳；兔生下来，三天就能在地里跑；马生下来，三天就能够跟着母马行走，这些都是自然的事，有什么值得大惊小怪的呢？"

孔子不由感叹地说："好啊，我现在是真正知道少年人实在是了不起呀！"

还有一次，孔子到东方去游学，途中看见两个小孩正在激烈地争论。孔子询问他们俩争论的原因。

一个小孩说："我认为太阳刚出来的时候距离人近，而到了正午的时候距离人远。"另一个小孩却认为太阳刚出来的时候距离人远，而正午的时候则距离人近。

孔子就让两个孩子说说自己的理由。

前一个小孩说："太阳刚出来的时候大得像车上的篷盖，等到正午的时候就好像是个盘盂了，这不是远处的小而近处的大吗？"而另一个小孩却说："太阳刚出来的时候清清凉凉，等到正午的时候就热得像把手伸进热水里一样，这不是近的时候热而远的时候凉吗？"

孔子听了两个孩子的话，不能判断谁是谁非。而两个孩子却笑着说："谁说你知道的事情多呢？"孔子顿时无言以对。

**【释用】**

孔子讲后生可畏，其实就是以一种发展的眼光来看人的观点，是非常有价值的。一个人年轻的时候，想让自己将来成为怎样的人就有可能成为怎样的人，只是这样的优势和潜力并不是永远存在的，如果不努力，等到了四五十岁的时候还一事无成，那么也就只能是所有的理想都"一江春水向东流"了，自然也就没有什么可敬畏的了。所以作为年长者，不要去轻视年轻人，而作为年轻人，则更应该珍视自己的大好年华，不要让自己虚度了。

当然，现在人类的寿命已经有了很大的延长，四五十岁这个界线可能会适当推迟一点儿，大器晚成的情况也不是没有。因此，如果由于种种原因而错过了在年轻时候能够有所成就的机会的中老年人，也不应该自暴自弃，要继续努力，尽管中老年人起步比年轻人晚，精力也不如年轻人充沛，但是只要努力，依旧是有希望有所成就的。我们要明白，只要努力了就不会有遗憾。因为当我们在努力的过程中，仍然能够感受到一种特殊的快乐，那就是奋斗的快乐和追求的快乐。

【小语】

年轻人具有很大的可塑性和年龄资本，也具有很大的发展潜力。正可谓"长江后浪推前浪，一代更比一代强"。后人之所以能超越前人，一方面是因为前人所积累的经验总是会受历史、地理、时间等各种因素的强烈制约，也就是说到了某一历史时刻，他们的许多经验有的会过时落伍，甚至蜕化变质，成为了阻碍我们生活发展前进的阻力。

而另一方面则是因为先贤前辈们所创造的辉煌文化哺育了后人，而富有创新精神的后人是站在前人的肩膀上，以前人的疑点作为自己开拓创新的起点，这样必然会在发扬光大的基础上创造出新的辉煌。

# 第八课　做事艺术：
## 　　中正之道与灵活应变

　　俗话说，"害人之心不可有，防人之心不可无"、"明枪易躲，暗箭难防"。一个人要想在复杂的社会舞台上立足，就要学会一些本领和技巧。

　　所以，做人要懂道理、明事理。能够从外界不断地吸收经验，总结教训，洞察万事万物的内在规律，这才是大学问。

# 日月逝矣， 岁不我与

## 【解意】

**时光飞逝，时间不等人。**

无际大师是有名的得道高僧，当人们遇到困难的时候，都喜欢找他寻求帮助。

有一天，一位年轻人背着一个大包袱，气喘吁吁地上了山，他找到无际大师说："大师，我内心感到非常的孤单，非常的寂寞，我不知道什么原因总是会被伤害，我现在感觉自己的生活没有一点兴趣，我已经无望了，我请您帮我解脱。"

无际大师听完之后微微一笑说道："请问施主，你的包袱里面装的是什么呢？"

年轻人一脸痛苦的表情，回答道："包袱里面装着的就是我每一次感到孤独时的烦恼、遭受失败的痛苦，还有每一次受伤后的眼泪和委屈，就是因为它们，我才会对生活感到这么的绝望。"

当时无际大师什么也没有说，站起身来，示意年轻人跟着他走。没一会儿，无际大师就带着年轻人来到了湖边，然后就坐船到了湖的对面。

等到上岸以后，无际大师对年轻人说道："施主，请你扛着船上路吧。"

年轻人这个时候感到非常的疑惑，问道："大师，您不是在开玩笑吧，船这么沉，我怎么能够扛得动呢?"

这个时候无际大师看着年轻人充满怀疑的眼神，笑着说道："没错，施主，你是扛不动它的。这条船在我们过河的时候对于我们来说是非常重要，但是当我们过了河，我们就应该丢下船赶路，否则这条船就成了我们的负担。同样的道理，孤单和寂寞，以及痛苦和眼泪，有的时候可以让我们的生命变得更加丰富多彩，但是如果我们老是纠缠着一些不快乐，把自己束缚在不快乐的环境里，它们反而就会成为我们生活的负担了。"

当听完无际大师的话以后，年轻人低下头开始思考起来。

这个时候无际大师接着说道："施主，放下吧，我们的生命是承受不起那么重的分量的。"

这个年轻人就听了无际禅师的话，放下了自己身上的包袱。

于是他们开始继续往前赶路，这个时候，年轻人明显感觉到轻松了许多，而且他终于醒悟到，当我们放下一些烦恼和委屈，我们的人生居然是这么的美丽和幸福。

**【释用】**

孔子一生都在宣扬和推行他的"仁"与"礼"的主张，希冀实现自己建立有秩序、有仁爱的理想世界，可是现实中却是四处碰壁，多次遇到困难，受到挫折。但是孔子并不灰心气馁，明知不可为而为之，所以他切实感到人生苦短，难以实现自己的理想，多次发出这样的感慨。

生活中，我们不要给自己太大的压力，很多不愉快要及时放下、学会忘记。只有这样，我们才能去接受新鲜的东西，才能够健康而快乐地生活，也才会真正感受到生活的美好。

如果我们将所有的过往都紧紧地抓住不放，人生的口袋只会越来越重，前进的双脚将会更加难以移动，如果我们能够将口袋中的过往统统扔掉，那么人生之路一定会走得越来越顺畅。

# 宁武子邦有道则知， 邦无道则愚

子曰："宁武子邦有道则知，邦无道则愚，其知可及也，其愚不可及也。"

——《论语·公冶长》

【解意】

孔子说："宁武子在国家政治清明的时候就显得很聪明，在国家政治黑暗的时候就装作愚蠢。他的聪明，别人可以赶上；他的装作愚蠢，别人是无法赶上的。"

杨修曾经是曹操手下的一位主簿，相当于现在秘书一类的角色。杨修非常聪明，但是他不懂得该收敛的时候需要收敛，特别是在曹操这样一个忌妒心、猜疑心极强的上司手下做事情的时候更需要"守之以愚"。但是杨修却恃才放旷，多次冒犯曹操。

有一次，曹操视察一处新建的花园，当时什么也没说，只提笔在花园的门上写了一个"活"字，之后人就走了。

身边的人都不知道曹操是什么意思，可能也有人知道，但是却装傻不说。后来杨修听说后为显示自己的聪明，说："门内添'活'字，是'阔'字。丞相肯定是嫌门太宽了。"于是重新改建了花园门。

没过几天曹操再去，发现门改了，便问是谁猜出了自己的字谜。旁人都说是杨修。曹操嘴上夸了几句，但是心底里却非常不舒服。

还有一次，有人送来一盒酥饼。曹操接下之后，便在盒盖上写下"一盒酥"三字，放在桌上。

杨修见了，二话不说就取过勺子，自己吃了一口，又让别人吃。曹操问杨修为何，杨修说："盒子上明明写着'一人一口酥'，我们岂敢违背丞相的命令？"曹操这一次又夸杨修聪明，可是在他的心里却再一次添加了几分厌恶。

这样的事还不止这些，这也让曹操越来越无法容忍杨修了。后来有一次在外征战，形势非常不利，曹操想退兵，但是心又不甘，就硬挺着。

这个时候，执勤官来请示当晚军中的口令是什么，曹操当时正在吃鸡，便随口说道："鸡肋，鸡肋"口令传下去了，杨修便开始整理行装。

旁边的士兵都觉得很奇怪，问道，"丞相还没下达撤退的命令，你为何收拾行装？"杨修说："鸡肋，食之无味，弃之可惜。曹丞相正在犹豫，我看是要撤退了。咱们早做准备，免得到时慌乱。"

结果杨修这一说，其他人也开始做准备了。没一会儿，这件事情让曹操知道了，曹操再也不能容忍小小的主簿竟然比自己还聪明，便以惑乱军心之罪，将杨修杀了。

我们经常用"愚不可及"来批评、挖苦蠢人蠢事，可是当我们读了《论语》这段话，才知道"愚不可及"有时是带有褒义的。孔子这里说的宁武子的"愚"，其实是一种真正的聪明，是一种大智若愚。一个人的聪明才干在环境好的情况下，可以尽力发挥；可是当环境变得恶劣时，如果聪明过分地显露，就可能招来杀身之祸。这个时候反而应该把聪明掩藏起来，把自己表现得碌碌无能，从而才能够有效地保护自己，也减少了外界的阻力，不露声色地做些踏踏实实的事。其实，这才是一种智者的策略，如果没有一定修养的人，是很难做到的。

当然，这里需要指出的是，在恶劣的环境里表现"愚"，并不是要向环境屈服，不是真的浑浑噩噩，更不是要改变自己的信念和操守，而是一种以退为进，以愚守智，不要让自己去做无谓的牺牲，不去授敌以柄。说到底，这是一种麻痹敌手、养精蓄锐、等待时机的手段。如果自己因为环境影响，自暴自弃了，从此混日子，苟且偷生，那就真是太愚了。没有信念和操守的支撑，我们会平庸一辈子，而没有大智慧，就很可能因为不能忍辱负重而遭到恶劣环境的重压，直到把自己压垮。

人的弱点就是在为个人利益的谋划上显得太聪明，结果常常是"聪明反被聪明误"。所以，不如"愚"一点，糊涂一点，不斤斤计较个人的得失，不要总是想着走歪门邪道，不为名利地位操心劳神，吃点亏也无妨，必要的时候应该把利益主动让给别人，并且能够做到不期望得到别人的事后报答。如果一个人能够做到这一点，我们将减少许多烦恼，拥有一个既踏实又快乐的人生。

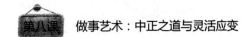

# 非敢后也， 马不进也

> 子曰："孟之反不伐。奔而殿，将入门，策其马曰：'非敢后
> 也，马不进也。'"
>
> ——《论语·雍也》

## 【解意】

孔子说："孟之反是一个不自夸的人。战败了，他留在最后掩护全军后。快进自己城门时，他鞭马道：'我不是敢在后面拒敌，我的马不肯走。'"

曹彬是北宋开国元勋，以仁义著称于世。

曹彬在出师南唐时，也从不邀功。在围攻金陵（今南京）时，曹彬怕将士残害百姓，自己佯装生病，要求将士们焚香发誓，攻城时不妄杀一人。宋军攻城后，受到城内老百姓的欢迎。曹彬对请降的南唐李后主和大臣们好言安慰，待之以宾礼。曹彬班师还朝后，并没有上书表功，只写道："奉敕江南干事回。"意思是说皇上交待我去江南做的事已经完成了。在出师之前，皇上说过，如果曹彬能平定南唐，要委任曹彬为宰相。所以副帅潘仁美预先向他祝贺，曹彬却淡淡地笑着说："不是这样，我只是履行自己的职责而已，这完全仰仗天威，遵从朝廷对战事進行的谋划，才能成功的。我有什么功劳呢？更谈不上丞相这个极品的官职。"

曹彬虽位高权重，但家无余财，其薪俸多散给了亲族。《宋史》中说他："伐二国（后蜀、南唐），秋毫无所取。位兼将相，不以等威自异。"他在朝廷从没有违逆过皇上的旨意，也从没有议论别人的过失。曹彬在路上即使遇到士大夫的车子，也要让自己的车马避路让行。他从不直呼手下官吏的名字，表示对他们的尊重。每当有禀告事情的，他都要整衣戴冠后才接见。对于自己的僚属，他总是推己及人，宽宏大度。曹彬在徐州为官时，有一吏员犯罪，应处以杖刑，但曹彬却要一年后才杖罚他，人们都不知道原因。曹彬说："我听说此人新婚，如果马上杖罚，他的父母必然以为是儿媳妇带来的不吉利，从而会日夜招致鞭打责骂她，使其难以自存。我拖延杖罚那个官员，于法也并不妨碍。"

曹彬死后，宋真宗哭的非常悲痛，每次与大臣们谈起曹彬，都痛哭流涕。后追赠曹彬为中书令，封济阳郡王，与宰相赵普同配飨太祖庙庭。后人尊称曹彬为北宋第一良将。

**【释用】**

古人是非常谦和的，从来不夸大自己的成就，但是有的时候却是无心插柳柳成荫。有的时候我们做事情也是一样，只要结果是好的，就不要太在乎，甚至是去追究做事情的过程，这样反而容易让我们感到生活的轻松与自在。

**【小语】**

关心、热爱、宽容是我们直达人心的钥匙，没有人能够拒绝别人善意的帮助，心怀善良与包容，有一颗乐于帮助他人的心，就一定可以赢得人心，驱除邪恶。有的时候，我们只要把自己的利益置之度外，处处学会为别人着想，包容别人，那么面对你这么无私的心底，如此博大的胸怀，即使是一个作恶多端的人，他也会对你表现出崇敬之情的。

# 人贵有自知之明

子曰："人贵有自知之明。"

——《论语·公冶长》

## 【解意】

**孔子说："能够正确认识自己的人是可贵的。"**

歌德在自己年轻的时候，一直梦想着自己能够成为一名像达·芬奇那样杰出的画家。为了能够实现这个梦想，歌德曾经一度沉溺于色彩的世界中难以自拔。他为了提高自己的画画水平，付出了艰辛的努力，可是到头来收效甚微。

一个偶然的机会，歌德到意大利去游玩。当看到那些大师的杰出作品之后，他才如梦方醒：以自己在绘画上的才情，即使是花费了自己这一生的精力，也是很难在画界有所建树的。

从这以后，歌德就毅然决定放弃绘画，把文学作为了自己的主攻方向，最后歌德成功了。

在成功之后，当歌德回顾起自己的成长经历时，总是不忘记告诫那些头脑发热的年轻人，千万不要盲目地相信兴趣，一心只知道跟着感觉走。歌德后来感慨地说道："要真正地发现自己并不容易，我几乎花了半生的光阴。"

## 【释用】

总有一些事情是自己能够做、而且也能做出一些成绩的，可是相对而言，还有一些事情是你永远都不可能做成的，了解这一点，对于我们的成功是至关重要的。

我们每个人都有自己特有的天赋与专长，从某种意义来讲，我们每一个人都可以称为"天才"。但是往往只有极少数人能够发现自己的天赋，并且把它充分发挥出来，最后他们才获得了真正的成功，也自然而然成为了真正的天才。

可是，对于我们大多数人而言，直到白发苍苍也没有发现自己真正适合去做些什么事情。我们不难想象，在每天当中，不知道有多少天才带着他们终身的遗憾离开人间。

## 【小语】

发现自己的长处，对于我们选择走什么样的道路，选择做什么样的事情具有重要的意义。而且这还可以避免我们盲目地进入一个自己并不适合、并不擅长的领域，或者可以说让我们避免在一个不具备任何优势的位置上浪费太多的时间。

"金无足赤，人无完人"。谁也不可能在任何方面都超过其他人。事实上，只要我们能够在某一个方面、甚至是仅在某一个点上面超过其他人，就已经非常了不起了。所以，我们需要做的不仅仅是不断改进自己的缺点和短处，还需要去悉心经营好自己的长处。

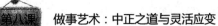

　　只要我们在自己最擅长的领域，找到一个最佳的位置，并且充分发挥出自己的所长，坚持不懈地做下去，那么我们就一定能够有所突破、获得成功。

# 中庸之道为德也，　其至矣乎

> 子曰："中庸之道为德也，其至矣乎！民鲜久矣。"
>
> ——《论语·雍也》

## 【解意】

**孔子说："中庸是最高的道德了！民众早已很少遵循它了。"**

　　唐朝时期，有一才子名叫谢原，其人擅词赋，犹以歌词见长，所作歌词广泛流传于民间。

　　有一年，谢原应张穆王之邀，前去做客。席间，张穆王命小妾谈氏隔帘弹唱，事有凑巧，谈氏所唱之曲，正是谢原的一首竹枝词。张穆王见谢原听得如痴如醉，便将谈氏请出与之相见。

　　谢原见谈氏风华绝代，又对自己的词作甚为推崇，遂心生爱慕之情。于是，他起身说道："能闻夫人弹唱拙词，在下不胜荣幸，但夫人所唱之词，实为在下粗浅之作，恐辱没夫人。我当竭心再作几首好词，以备府上之需。"

翌日，谢原即奉上新词八首，谈氏将其逐一谱曲弹唱，谢原更感相见恨晚。此后数日，谢原与谈氏词曲往来，情愫渐生。终于有一日，谢原隐忍不住，向谈氏道出了渴慕之情。谈氏虽亦有意，但无奈已为人妾，身不由己。

于是，谢原甘冒杀头之罪，请求张穆王成全他二人。

正常情况下，若换做别人，必然拍案而起、动雷霆之怒。然而，张穆王却一笑了之："其实我亦有此意！虽然心中尚有几分不舍，但你二人一擅作词，一擅谱曲，珠联璧合，实乃天造地设的一对！"

谢原万没有想到张穆王竟如此大度，不禁感恩戴德。为作报答，他将此事写成词，由谈氏谱曲，二人四处传唱。不多时，张穆王成人之美的美名，便在中原大地上传唱开来，很多有识之士闻讯都前来投奔。

**【释用】**

从古到今，凡是能够成就大事的人，都具有一种优秀的品质，那就是适可而止，能容人所不能容，忍人所不能忍，并且善于求大同存小异，懂得团结大多数人。而且，他们有着极大的胸怀，豁达而不拘小节，从大处着眼，而不会目光如豆，从来不会斤斤计较，纠缠于非原则的琐事，所以他们才能够成就大事、立大业，让自己成为一个有成就的人。

但是，想要真正做到不较真、能容人，这也并不是一件简单的事情，需要具备良好的修养，需要有善解人意的思维方法，需要能够从对方的角度，并且设身处地地去考虑和处理问题，让自己多一些体谅和理解，那么自然也就会多一些宽容，多一些和谐，多一些友谊。

**【小语】**

每一个人都是不同的，每个人的能力也是不同的，不管做什么事情，只要尽力去做就好了。也就是说，我们要想能够成就大事，只要自己尽力去做就可以了。有的时候能力的大小不是我们可以进行改变的，而唯一能够由我们自己决定的事情就是竭尽全力，只要这样，哪怕做不到最好，也可以问心无愧，不留遗憾。

# 季文子三思而后行

季文子三思而后行。子闻之，曰："再，斯可矣。"

——《论语·公冶长》

**【解意】**

**季文子每件事都考虑多次之后才行动。孔子听到后，说："考虑两次就可以了。"**

1964 年，松下通信工业公司突然宣布不再做大型电子计算机。对这项决定的发表，大家都感到震惊。松下已花几年的时间去研究开发，投进了十几亿元的巨额研究费用，眼看着就要进入最后阶段，却突然全盘放弃。松下通信工业公司的经营也很顺利，不可能会发生财政上的困难，所以令人十分费解。松下幸之助之所以会这样断然地做决定，是有其考虑的。他认为当时公司用的大型电脑的市场竞争相当激烈，万一不慎而有差错，将对松下通信工业公司产生不利的影响，到那时再撤退，就为时已晚了，不如趁着现在一切都尚有回旋余地，捉住目前最好的时机。事实上，像西门子、RCA 这种世界性的公司，都陆续从大型电脑的生产线撤退，广大的美国市场，几乎全被 IBM 独占。像这样，有一个强而有力的公司独占市场就绰绰有余了。更何况在日本这么一个小市场，就有富士通、日立电器等 7 个公司在抢滩市场，他们也都投入了相当多的资金，这样，等于是赌下整个公司的命运，松下生存焉的可能性微乎其微。因此松下衡量得失后，终于决定撤退。

### 【释用】

在孔子的思想当中，他并没有表扬季文子的三思而行，相反，孔子认为凡事仔细考虑两次就足够了，三思而行可能会贻误时机。那么，为什么孔子会反对季文子的这种做法呢？因为从当时的知识看，季文子做事属于过于谨慎，顾虑太多，经常会发生各种弊病。如果我们从这个角度分析，那么孔子的话也不无道理。

凡事不经过思考就立即行动叫作莽撞，往往会导致后患。但是如果想得太多，瞻前顾后，翻来覆去，则更容易让自己陷入犹豫不决的狐疑之中，导致优柔寡断。当断不断，反受其乱。所以，遇事的时候既要想清楚，有所思考之后再行动，又要做到不优柔寡断。

### 【小语】

在危急的情况之下，我们更应该果断，"该出手时就出手"，敢于冒必要的风险，这样才能够获得成功。如果在关键时刻还犹犹豫豫、畏缩不前，后果真的是不堪设想的。

长久迟疑不决的人，常常找不到最好的答案，而获得成功的最好办法，就是迅速做出如何去做好一件事的决定。能够排除一切干扰因素，并且一旦做出了决定，就不要再继续犹豫不决，以免我们的决定受到影响，在某些情况下，犹豫就意味着失败。

实际上，如果一个人总是优柔寡断，犹豫不决，或者总在毫无意义地思考着自己的选择，那么一旦出现了新的情况就会轻易改变自己的决定，这样的人是成就不了任何事情的，消极的人没有必胜的信念，也不会有人信任他们。但是自信而积极的人就不一样，他们终将成为世界的主宰者。

# 无欲速， 无见小利

> 子夏为莒父宰，问政。子曰："无欲速，无见小利。欲速则不达；见小利则大事不成。"
>
> ——《论语·子路》

## 【解意】

**子夏做了莒父邑的长官，问怎样治理政事。孔子说："不要图快，不要贪小便宜。图快反而达不到目的，贪小便宜就办不成大事。"**

孔子的学生子路要去蒲县当县长，上任前去请教孔子，而且还说蒲县这个地方的青壮年较多，有的人还是桀骜不驯，很难治理。孔子说道："你去做县官，要考虑的问题是如何克服急躁的毛病，一定要以宽容正直的胸怀容纳那些比自己强的人，要以爱人和宽恕的态度对待所有的人，做到这些，就可以在任何环境中得到老百姓的支持。在处理问题的时候，应该采取温和而果断的措施，这样就可以抑制邪恶事情的发生。你如果能够做到这些，那么肯定会成为一个正直，并且受到老百姓尊敬的县官，而这样一来对于你治理蒲县就没有什么困难了。"

子路在蒲县做了三年的县官，可谓是治政有方，政绩显著，当时在卫国享有很高的声誉。孔子也为自己的学生有如此的成绩感到非常高兴和欣慰，想亲自去蒲县看一看。于是，子贡便陪着孔子一同前往。

当孔子乘车一进入蒲县的地界，孔子就高兴地说："好啊！子路在这里做官，做到了恭敬别人，别人也恭敬他！"

而当车子进入县城的时候，孔子又说："做得好啊。子路能以信赖的态度来宽恕百姓，也一定会得到别人的信赖。"

当孔子下车进入县衙时，又说："好啊！子路能明察事理，办事果断了。"

后来，在回来的路上，子贡问道："先生，您并没有亲自看到子路办理政事啊，在路上就听您一连三次称赞他做得好，这到底是什么原因呢？"

孔子说："我刚刚一进入蒲地，就看见田地耕作整齐，田间的杂草也清除得非常干净，沟渠更是修整得完好平整。如果子路不是以恭敬的态度对待老百姓，取得百姓的信任，那么百姓会听他的话这样做吗？

在进入蒲县的时候，我看到城墙和房屋都修筑得非常坚固而且美观，树木也是郁郁葱葱、茂盛林立，这其实就是子路施政时对老百姓忠信和宽恕的表现。不然的话，老百姓是不可能不乱砍乱伐的，而不偷盗更是不可能的。

当我进入子路的办公地点，发现庭院清幽雅静，没有人在那里吵闹，人人都是各归其位，这说明子路办事果断而且明察下情，所以奸邪的恶事就少，也就没有奸邪之类的事情来干预他的政事了。"

### 【释用】

做事不能急功近利，生活如此，工作也如此。如果做一件事情就希望马上得到自己想要的回报，这种人是很难成大器，很难获得成功的。

而这一过程就好像是破茧成蝶，原本就是非常痛苦、艰辛，但是只有通过这一磨励才能够换来日后的翩翩起舞。

有时外力的帮助反而会让利变成了害，违背了事物发展的规律。其实，当我们将自然界中这一微小的现象放大至人生，就会发现意义如此的深远。

**【小语】**

如果做事情一味地主观求急图快，违背了客观规律，后果只能是欲速则不达。一个人只有摆脱了速成的心理，通过自己不断地努力，步步为营，才能够达到自己的目的。

无论是自然界，还是人类社会都有它们发展变化的客观规律，这些规律不以人的意志为转移，人类只能认识它、利用它，不能违背它、改变它。一旦违反了客观规律，光凭借自己的主观意愿去做事情，即使自己的用心是好的，但是结果也必然会碰壁，事情会办坏。

# 君子求诸己， 小人求诸人

子曰："君子遇到困难求诸己，小人求诸人。"

——《论语·卫灵公》

**【解意】**

孔子说："君子遇到困难求自己，小人求别人。"

著名的汽车生产商福特就是一个非常自信的人，早在福特开发 V 型引擎的时候，他面临了一个又一个困难。

福特想要制造一个 8 汽缸的引擎，当他把构想蓝图拿给技术人员看的时候，结果遭到了一致的反对。技术人员告诉他，根据理论，8 汽缸引擎的制造是不可能的。但是福特却坚信可行，他要求公司的技术人员不管花多少时间和代价，一定要开发出来。

最后在福特的坚持下，整整花了一年多的时间，经过技术人员的不断研究和试验，终于突破了困境，完成了 8 汽缸 V 型引擎的制造。

而福特的成功也正说明了信心的力量是多么的伟大，自信与金钱、权力、出身相比，这才是我们最重要，也最需要的东西，它是你从事任何事业最可靠、最有价值的资本。

让我们细细看那些卓越的人物，他们在自己成功之前，总是充分相信自己的能力，深信自己一定能获得成功，所以在做事情的时候，他们就会全力以赴，坚持不懈，直到最后胜利。

蒋瑞英刚刚毕业就被分配到一个设计院工作。她原本是一个活泼开朗的女孩子，可是自从进入设计院工作之后，原本活泼开朗的她一下子沉默寡言，走路时总是低着头，面无表情。每次上下班她都是独来独往，从不和同事打招呼。在工作中，蒋瑞英也从不向老职工请教，以至于她的业绩平平，毫无起色。看上去她显得很自卑。

有一天，她下班回家路过一家精品店，里面摆满了各式各样的发夹，于是她心血来潮选了一款夺目的发夹在头上试戴起来，老板走过来递给她一面镜子说："真漂亮，你戴上它的确很好看，你真有眼力。"蒋瑞英听了，脸上立即绽放出久违的笑容。

就这样，第二天早晨上班，她主动地和同事打招呼，早上的图纸设计蒋瑞英还特意跑到老总办公室寻求建议。

当时，公司的领导和同事都不知道蒋瑞英为何突然就有了这么大的变化，仿佛变了一个人，都对她热情起来。当她又一次路过精品店时，老板快步跑出来叫住她："小姐，昨天你忘了把发夹带走，放在桌子上了。"蒋瑞英这个时候才摸摸头上，的确自己昨天试戴发夹时，付了钱，忘记把它戴在头上了。

但是这件事情已经不重要了，在半年之后，蒋瑞英凭借自己的勤奋好学和十足的自信当上了设计部门的主任。已经成为部门主任的蒋瑞英终于告诉了人们答案，正是那只发夹改变了她，使她变得自信和美丽！

**【释用】**

成功的人，哪一个不是靠自己的努力才获得的？即使是别人帮得了你一时一事，也帮不了你一世，归根结底，路还是要靠自己走，要成功，我们还得靠自己的努力。

成功始于自己，成于自己。要想排除人生的障碍，关键还是要靠自己。有一句谚语说得好："上苍只拯救能够自救的人。"成功属于那些愿意成功的人。

成功是靠自己的明确方向和目标指引的结果。如果你根本不愿意成功，那么谁也没有办法；你自己不行动，上帝也帮不了你。

**【小语】**

我们每个人都需要别人的帮助，但是当我们在接受别人帮助的时候，也必须发挥自己的主观能动性。别人的脚步注定永远都是别人的去处，自己的双脚走出的路才真正属于自己。人生于天地之间，唯有自立自强才是人生最重要的课题。

# 君子欲讷于言而敏于行

子曰："君子欲讷于言而敏于行。"

——《论语·子路》

## 【解意】

**孔子说："君子要言语谨慎，而行动要敏捷。"**

吕僧珍，字元瑜，是山东范县人。从南齐时期起，吕僧珍便开始跟随萧衍。萧衍当时身为豫州刺史，吕僧珍任典签；当萧衍任领军的时候，吕僧珍补为主簿。

建武二年（26年），萧衍率师援助义阳，准备抗御北魏，吕僧珍也随军前往。萧衍任雍州刺史，吕僧珍又成为了萧衍手下的中兵参军，被萧衍当成是心腹之人。萧衍起兵之后，吕僧珍被任为前锋大将军，大破萧齐的军队，为萧衍立下了大功。

由于吕僧珍为萧衍立下了大功，最后被萧衍恩遇重用，所受到的优待更是无人可以相比。但是作为吕僧珍本人却从来没有居功自傲，恃宠纵情，反而更加小心谨慎。在吕僧珍当值宫禁之中的时候，盛夏也不敢麓衣，每次陪伴萧衍出行，总是屏气低声，更不敢随意吃桌上的果品。

有一次，吕僧珍由于喝醉了酒，随手剥了桌上的一个柑橘吃。结果萧衍笑着说："卿真是大有进步了。"拿一个柑橘都被认为是大有进步，可见吕僧珍平时做事谨慎到什么程度。

后来有一天，吕僧珍因为离乡太久了，想回家乡看看，于是吕僧珍上表请求萧衍让他回到家乡给先人扫墓。

萧衍一直不忘吕僧珍对自己的忠心，为了能够让他衣锦还乡，光宗耀祖，萧衍不但准许吕僧珍还乡，而且还赏赐给他使持节、平北将军、南充州刺史的头衔，也就是管理其家乡所在州的最高行政长官。

可是，在吕僧珍到任之后，就平心待下，不私亲戚，没有丝毫的张狂之举。

当时吕僧珍的从侄是一个卖葱的，当他听到自己的叔叔做了大官，就不再卖葱了，于是找到吕僧珍，要求讨个官做。而吕僧珍对他说："我深受国家的重恩，还没有做出什么事情以为报效，怎么敢以公济私。现如今，你们都有自己的事情做，又怎么能够妄求他职呢，赶紧回到菜市场卖葱去吧！"

吕僧珍的旧宅在市北，前面有督邮的官府挡着。乡亲们多次劝说吕僧珍把督邮府迁走，把他的旧宅扩建。可是吕僧珍却说："督邮官府自我家盖房以来一直是在此地，怎么能够为了我房子的扩建而让别人搬家呢？"所以说什么都不同意。

吕僧珍还有一个姐姐，嫁给了当地一个姓于的人，家就住在市西。吕僧珍姐姐家的房子低矮临街，左邻右舍都是做开店铺、摆货摊的小买卖，一看就是下等人住的地方，但是吕僧珍却经常到姐姐家中做客，丝毫不觉得出入这种地方有失自己的身份。

### 【释用】

一个人有才华而不外露是难能可贵的，大智若愚更是难上加难。就好像是一口古井，表面上看起来是一潭死水，没有风来，它是起不了波澜的。可是有一天，当我们渴了，需要喝水，站在那儿掬水喝的时候才会惊异地发现：这古井竟是那么深不可测，掬上来的水竟是那么清澈，而井水的味道，竟又是如此的甘甜。

言语谨慎却勤于行动的君子就好像是这口古井，他们并没有华丽的言辞、招摇的行动，但却是在实实在在地做事。诸葛亮一生唯"谨慎"，所以他没有什么错误，他一生的智慧也全在此两字中。

然而，风大的时候不一定就凉快，没有风的时候也不一定热，最重要的是气温；能说善道的人不一定学识渊博，沉默寡言的人也不一定知识贫乏，最重要的还是一个人的学问。

### 【小语】

"志当高远，事当谨慎"，这可以说是历史上的至理名言。所谓"立身"，就包括树立自己的名声，明确自己的至理名言，建立自己拥有代表性的业绩。而在做这些事情的时候，会遇到很多困难，并且会有许多潜在的危机，所以一定要做到谨慎。

君子立身处世，贫贱不能移，威武不能屈，富贵不能淫。这是封建社会中理想的做人准则。但是，这并不是每个人都能够做到的，更有甚者，贵而忘贱，得志便猖狂，恣意妄为，最后落得一个身败名裂的悲局。


# 苗而不秀者有矣夫


子曰："苗而不秀者有矣夫！秀而不实者有矣夫！"

——《论语·子罕》


### 【解意】

孔子说："谷物长了苗而不吐穗，是有的；吐了穗而不结果实，也

**是有的！"**

　　在钱穆的老家院子里曾经有一棵苹果树，这棵苹果树是钱穆的父亲在很多年前种下的。钱穆后来回忆说，在那棵苹果树第一次开花时，一家人都很兴奋，没事就到树下转转，不时仰望着枝叶间盛开的雪白花瓣，好像那已经不是花，而是一个个又香又甜的苹果。

　　那时的钱穆还小，以为只要是果树，只要开了花，理所当然就应该能够结果。在家里，钱穆比任何人都更关注这棵苹果树，每天都要仔细地看上好几回。然而钱穆的关注并没有换回他所期待的回报，雪白的苹果花有的残败了，有的飘落了，夏天还没过完，原本满树的苹果花就已经落得干干净净，只剩下一些碧绿的叶子仍在枝头茂盛着。

　　家里人刚开始并不知道这件事情让钱穆有多么难受，直到有一天，钱穆几乎是带着哭腔找到他的父亲问道："为什么那么多的苹果花竟然结不出苹果，哪怕是一个也好啊。"父亲却呵呵笑起来，说："傻孩子啊，南方种苹果树本来图的就是热闹啊。"

　　也就是从那个时候开始，钱穆才知道南方是不适合种苹果树的，即便种了，也是很难结出苹果。

　　"可是既然是这样，父亲为什么还要种苹果树呢？还不如就选择种一棵樟木树，或者是其他什么树，哪怕是种一棵梧桐树也好，这样我就不会有期待，也不会有现在的伤心和失望。"钱穆心里想着。而父亲却说，种什么树不是种，种苹果树能够看到满树的苹果花，如果运气好的话，说不定哪年还能收获几个苹果。

　　从此，钱穆对院里的苹果树就失去了好印象。每当他见到自己的父亲用欢喜的眼神看着苹果树的时候，钱穆还会对父亲冷嘲热讽：一棵结不了苹果的苹果树，有什么看头呢！但是钱穆的父亲并不理会儿子的奚落，仍然每天关注着那棵不结果的苹果树。

　　每年苹果树开花的时候，钱穆的父亲仍然一如既往地替苹果花操心。风起了，担心风刮掉了苹果花；雨来了，又担心大雨打坏了花里的蕊。而钱穆却为父亲感到不值。

有一年，苹果花开得格外茂盛。有一天晚上突然下起了大雨，而且雨越下越大。钱穆的父亲几次把头探到门外，嘴里还喃喃自语："哎，这么猛的雨，苹果花又要受罪了！"如果现在有人给他一块大雨布，钱穆的父亲也许还真的会扯过去给苹果树盖上。

这一次，钱穆终于憋不住了，又开始对父亲冷嘲热讽起来。钱穆本以为，这一次父亲会跟以往一样，对自己的讥讽沉默以对。但是，父亲突然扭头看着钱穆，似乎沉思了一阵，缓了缓，说："你已经读中学了，应该明白一个道理。花能不能结果，不能由花说了算。花开了，也许结不出果，但是如果不先把花养好，那是肯定结不出果来的。"

后来，当钱穆长大成人之后，原先老家的院子早就不复存在了，而那棵苹果树也因为院子的拆迁而被砍掉。但是钱穆始终牢记着在那个雨夜父亲对他说的话，也时刻提醒他无论身在何处，都记得做一棵开花的苹果树，因为，只有先把花开好了，才有结出果实的可能。

## 【释用】

孔子满腹道德学问，一腔热血忠心，但是他的生平却是一直郁郁不得志。走上层路线，很少有人欣赏他，甚至当时一些掌权者欲除之而后快，连贩夫走卒、农民樵夫都看不起他，对他冷嘲热讽。孔子在最困难的时候，差点儿没被饿死，"惶惶然如丧家之犬"。

我们也经常说，生命是一个过程，生活是一个经历。当你"尽"了"人事"，作出了你的努力，那你的这个过程、这个经历就是完美无悔的。至于努力的结果是否成功，就不妨看得淡一点，不必对于结果耿耿于怀。"尽人事"是积极的人生态度，"听天命"更是一颗平和的心。

【小语】

俗话说："好运气只青睐有所准备的人。"要想在自己短暂的一生中有所收获，勤奋和坚持是必要的，但是并不是全部。华人首富李嘉诚说过："20岁之前事业上的成功100%是靠勤劳的双手换来的。20岁到30岁之后，事业已经有些小基础，这时的成功，10%靠机遇，90%靠勤奋。之后，机会比例渐渐提高。"

现在的我们是无法掌控命运的，只能把自己所能够做到的事情做到最好，只有当把一切准备好了，才有获得成功的可能性。如果等着幸运女神来到你的眼前，你才开始做准备，又怎么可能成功呢？

# 如不可求，从吾所好

> 子曰："富而可求也，虽执鞭之士，吾亦为之。如不可求，从吾所好。"
>
> ——《论语·述而》

【解意】

孔子说："如果富贵合乎于道就可以去追求，即使是给人执鞭的下等差事，我也愿意干。假如富贵不可求取，那就还是按我的爱好去干事。"

东汉名臣杨震在当时是闻名天下的大学者，有"关西孔子"的美誉。杨震客居在异乡长达20多年，一直都是靠着教书得来的微薄收入奉养老母。州郡闻其名，屡召不出，直到他50岁的时候，杨震才在朋友们的劝说下，应聘到了州里任职，为官以廉能著称。

杨震入仕之前的家境非常窘迫，长期过着自食其力的清贫生活。当时的杨震除了教授学生之外，还借种别人的一块土地，亲自耕耘，以此来维持生计。

当时的人都非常敬重他，但是杨震却一次也不接受别人的馈赠，在他从荆州调到山东任东莱（今山东莱州）太守，路经昌邑县（今山东金乡西北）的时候，昌邑县令王密特来拜见。

王密是杨震在荆州时举荐的秀才，所以王密为了报答杨震的知遇之恩，当天晚上趁着深夜人稀，怀揣十斤黄金准备呈献给杨震。结果杨震知道后，严肃地批评他说："作为老相识，我比较了解你，你怎么会不了解我呢？"

王密以为这是杨震的假装推辞，便说："夜里不会有人知道这件事情，请大人放心收下吧。"

"天知，神知，我知，你知，怎能说没有人知道呢？快给我收起来！"杨震严肃地训斥了王密。王密也惭愧地收起金子拜辞而回。

从此，杨震"夜畏四知，严拒私谒"的品德一直被后世赞美。

### 【释用】

在人们的心目中，孔子是一个有理想、有道德，主张"克己复礼""以仁治国"的圣人。但是圣人也是需要吃饭、需要喝水、需要生活的。孔子一直没有稳定的生活来源和住所，周游列国"惶惶如丧家之犬"，所以这位"圣人"，在具有远大志向的同时，生活也非常清贫。

可以这么说，孔子的志向和他的清贫是成正比的。那么，是不是越有理想，就应该越清贫呢？是不是越清贫，就能越有理想呢？

在孔子看来，贫穷并不是他的理想社会，他希望人民都富裕起来。借用孟子的话说就是：往上说赚的钱足够孝顺父母，往下说赚的钱足够养活妻儿。在好的年景能一年都吃饱饭，在不好的年景起码也不会饿死。

但是问题在于，致富应该通过走正道，要合于义，就是我们经常说的"用正当手段致富"。如果是靠投机钻营、坑蒙拐骗来"致富"，这是孔子所不允许的。假如是那样，孔子宁可吃粗饭，喝白水，弯着胳膊当枕头，因为孔子认为这种穷困生活中也有快乐。行不义之事而得来的富贵，在他看来好比天上的浮云。

**【小语】**

现如今，我们很多人都在努力致富，甚至是想尽千方百计挣大钱、发大财，虽然这是无可厚非的，但是我们在挣钱、赚钱的同时，也应该提醒自己，不要贪得无厌，更不要去赚昧心钱、黑心钱。

特别是像一些人造假酒、假药、假账等，钱最后是赚到手了，但是却伤天害理，最后自己也倒霉，甚至于触犯了法律，落得个身陷囹圄的悲惨下场，这不是害人又害己吗！

因此，在追逐名利的时候，千万别迷失了原本善良的自己。

# 君子之于天下也，无适也，无莫也，义之与比

子曰："君子之于天下也，无适也，无莫也，义之与比。"

——《论语·里仁》

**【解意】**

**孔子说："君子对于天下的事情，没有一定要怎样干，也没有一定不要怎样干，只要怎样干才合理、才恰当，便怎样干。"**

王显这段时间心里总是蠢蠢欲动，因为他身边的一个同事勇敢地辞职选择去读 MBA，结果毕业后开价就是年薪十几万，甚至更高。而王显在家里妻子不断的埋怨声当中，也有了辞职的打算，后来，王显还是选择了辞职。

他到了自己事前已经联系好的公司，可是没有想到的是，刚换的第一份工作，自己才做了两个月，王显就无法适应了。

结果王显在焦躁的情绪当中，又辞职了。可是这一次王显才感觉到找工作是如此艰难。

在几经折腾之后，王显决定转换方向，也去读 MBA。当时王显一咬牙，把自己多年的积蓄拿出来报了名。但是他去学习之前心里还是忐忑不安的，因为现如今市面上已经烽烟四起了，以往被人们吹上天的

MBA 现在已经不那么值钱了。更何况高级管理人员不是单单靠着读书就能读出来的，经验往往才是老板真正看重的。

直到这个时候，王显才感觉自己陷入到了一个万分尴尬的境地，他背负着压力，夜不能寐。其实，王显根本不了解自己到底能够做什么，而且他的欲望已经超越了自己的实际能力，所以最后的结果就是王显被生活打败了。

对于我们每一人来说，无论高低贵贱、贫富美丑，最难能可贵的就是知道自己真正需要的是什么，真正追求的是什么，能够为自己的人生树立正确的人生目标，做出正确的选择，做自己生活的主人，这才是最重要的。

记得曾经有一位青年向一位大师求教："大师，有人夸我是天才，将来一定能有一番作为；也有人说我是笨蛋，一辈子都不会有多出息。那么您看我呢？""你是如何看待自己的？"禅师反问。结果这位青年一脸茫然，无奈地摇摇头。

大师继续说道："就好像同样是一斤米，用不同的眼光去看，它的价值也就会变得不同。在主妇的眼中，它只不过是能够做三五碗米饭而已；在农民眼中，它最多值一元多钱；在味精厂家眼中，能够提炼出味精；在制酒商看来，能够酿成美酒。不过说到底，一斤米终归还是那一斤米。"禅师顿了顿，接着说，"同样是一个人，有的人将你抬得很高，那么自然也有人把你贬得很低，其实，你就是你。你以后到底有没有出息，有没有价值，这些归根到底都取决于你自己。"这位青年听完之后，茅塞顿开。

### 【释用】

目标也有很多种，有长期目标，也有近期目标；有大目标，也有小目标。但是无论什么样的目标，都一定要用长远的眼光来制定，这也是目标设立的标准。

远大的目标让人显得更伟大，也让人可以达到事半功倍的效果。远大的目标无非就是说在制定目标的时候要考虑得长远一些，在更大的一个范围里面去解决问题，这样就可以把自己提升到一个更高的高度和层次。远大的目标可以说是一个人毕生的志向和理想，要实现远大的目标需要进行一生的不懈努力。

远大的目标不可能是十分准确和详细的，特别是对于刚刚走入社会没有什么成功经验和阅历的年轻人来说。只有随着人生阅历的加深，工作经验的不断增长，一个个阶段性目标的实现，才能对远大的目标有一个正确的认识，这样才能最终实现自己的远大目标。

## 【小语】

一个人不能盲目地生存于世间，一定要给自己设立一个生活目标。这个目标不一定是固定的，可以随着时间、自我的发展而不断地变化，但是一定要有。

我们会发现一个人追求的目标越高，他自身的潜能也会得到更充分的发挥。这就告诉我们，设立目标的一个基本标准就是要能够充分发挥自己的潜能。

一个人的伟大还是渺小都取决于自己的目标，也就是一个人的志向和理想。只要人生的目标有了一个标准，我们才能更好地来实现自己的目标，一步一个脚印，攻克一个又一个的困难，朝着目标勇往直前，最终攀上目标的顶峰。

# 第九课　成就人生：
## 深谋远虑事自成

　　天才并不是从来就有的，但是天才也不是与自己没有缘分。只要有付出，就会有回报。我们可以把成功看成是播种，只有在春天通过努力播种，夏天辛勤地浇灌，到了秋天才能够赢得丰收的果实。

　　懒惰和好逸恶劳都是成就大事的最大障碍，它们能够让一个人的心灵之地荒芜，让一个人与机遇、成功失之交臂。而要想成就我们的人生，唯有不断努力、积极进取，才能够早日到达成功的彼岸。

# 知之者不如好之者， 好之者不如乐之者

子曰："知之者不如好之者，好之者不如乐之者。"

——《论语·雍也》

**【解意】**

孔子说："知道它的人比不上喜好它的人，喜好它的人又比不上以它为乐的人。"

有这样一个人，他在大学刚刚毕业的时候，对于做什么工作事先并没有打算。他的家里并不宽裕，可能是受此影响，他的工作方向就是向"钱"看。他在大学毕业后的五六年时间里，几乎是每年换一个工作。

这个人先是在办公室做行政管理，一年之后看到保健品市场很红火，于是就应聘到了一家生物制药公司去当推销员。

没过多久，保健品行业不行了。这个时候刚好有一位同学拉他去一家营销策划公司，收入还不错，于是他马上就去报到上班了。这回他做的时间还算长一些，大约有一年，收入自然也比以前多了一些，但是他的存折里的钱却并不是太多。

后来他又遇到了自己的另一位老同学，这位老同学让他非常羡慕，因为老同学已经开了一家小公司，生意还不错，正好需要帮手。

于是他毫不犹豫地加盟了老同学的公司。还没干到半年，公司的生意又转淡了，他只好去了一家保险公司。

没过多久，满街都是做保险的业务员。后来，又听说他到了一家小公司当市场部经理，实际这家公司算上他才不过七八个人。

虽然他做事并不偷懒，还是非常努力的，但是这几年来总是这样折腾来折腾去，让他一事无成。

### 【释用】

孔子作为儒门的祖师，给我们讲授了不少学习方法。几千年来，一直在指导着人们的学习、立业和交际。

但是对于古人来说，人生最大的成功莫过于通过读书博取功名。所以，读书在古代是非常重要的。那么怎样才能取得好的学习效果呢？

孔子认为，最重要的一点就是对学习要热爱。不同的人在同样的学习环境中学习效果往往是不一样的，自身的素质固然是一个方面，但是更重要的还在于学习的人对待学习内容的态度或者感觉。正所谓"兴趣是最好的老师"，当你对一门科目产生了兴趣之后，自然学习起来就比别人好。

而孔子所说的"知之者不如好之者，好之者不如乐之者"，就主要讲了学习的三个层次，以知之者突出好之者，再紧接着衬托出好之者突出乐之者。这就好像是数学中的逻辑推导，层层推进，让我们对这一道理理解得更加透彻，令人信服。

而且孔子的这一观点恰恰揭示并实践了一个人生真谛，那就是：做自己能够乐在其中的事情更容易成功。

正由于孔子对自己最喜欢的治学和办学之事乐在其中，最后才成为了一位中国历史上最伟大的教育家和思想家。

其实，成功绝非仅仅是靠拼命努力就能够获得的，它需要与你的兴趣爱好结合起来，如果你能够做到"乐在其中"的境地，那么你就会比平常人拥有更多的成功的机会。如果你只是随便选择了一两个行业，一两份工作，那么即使你再努力，也未必能够出头。

【小语】

如何才能够找到自己"乐在其中"的兴趣爱好呢？第一要素就是要客观地评估和寻找自己的兴趣所在，不应该把社会、家人或朋友的认可或者自己看重的事情当作自己的爱好；也不要以为有趣的事情就是自己的兴趣所在，而应该亲身体验它并用自己的头脑作出判断；也不要误以为有兴趣的事情就可以成为自己的职业，但是，你可以尽量寻找天赋和兴趣的最佳结合点，而最好的寻找兴趣点的方法是尽可能开拓自己的视野，接触众多的领域。

有乐在其中的精神才能够成就事业。世上最幸福的人莫过于那些能够把自己的兴趣爱好当成工作，乐在其中的人了。

这样的人，工作对于他们来说不是苦役，而是快乐的源泉。在他们的心目中几乎没有"工作"这个概念，因为"工作"这个词意味着要完成一些硬性规定的任务，可对于他们来说，时刻都享受着创造的自由和快感，享受着审美的喜悦和激情，根本没有刻板、约束和勉强之感。

把爱好当工作的人，他的幸福还不仅仅在于此，如果他能够在工作中取得成绩，那么他可以享受成果；如果他不能够取得成功，他则可以享受过程。这个过程本身对于他来讲已经是甚大的慰劳，而取得的成果则只是他另外的收获而已。

# 放于利而行，多怨

子曰："放于利而行，多怨。"

——《论语·里仁》

**【解意】**

**孔子说："如果一切都依照是否有利于个人私利来行事，就会招致很多的怨恨。"**

在宋仁宗时期，宰相富弼采用了朝士李仲昌的计策，从澶州商湖河开凿六漯渠，将水引入横贯陇西的故道。

北京留守的贾昌朝素来憎恶富弼，私下与内侍武继隆相互勾结，命令司天官二人，等到朝臣聚会的时候，在殿廷提出抗议，就说国家不应该在京城的北方开凿渠道，这样就会让皇上的龙体欠安。在几天之后，两个司天官听从了武继隆的主意，于是向皇上上书，并且还请皇后与皇上一起出来听政。

后来，他们的奏章到了宰相文彦博的手中，他看完之后藏在怀中。他不慌不忙召来两个司天官："日月星辰、风云气色的变异，这才是你们可以说的事情，因为这是你们的职责。为什么要胡言乱语干预国家大事呢？你们所犯的罪有灭族后果。"两个司天官听完之后非常恐惧。

文彦博紧接着说："看你们两个也是狂妄愚昧之极，今天不忍治你们的罪。"两个人走之后，文彦博把他们的奏章拿给同僚们看，富弼等人十分愤怒地说："奴才们胆敢如此胡作非为，为什么不斩了他们？"

文彦博说："如果我们斩了他们，那么事情就会公开化了，宫中也会闹得不安宁。"

就这样过了不久，大臣们决定派遣司天官测定六漯渠的方位，文彦博这一次还是派那两个人去。由于这两个人怕治他们的前罪，于是就改称六漯渠在京城的东北，而不在正北。

其实这就是示之以威，之后网开一面，从而造成威慑的例子。而将这一策略运用得出神入化的，则应该属于宋朝的赵鼎。

在宋高宗时期，刘豫在山东自立为皇，而且还狂妄地要求天下的人给他这个皇帝进奉药物，而当时的太监冯益正好派人去山东境内收买飞鸽，结果就在那里听到了很多的流言蜚语。于是，泗州知州刘纲就把这一情况上奏给了朝廷，而枢密使张浚得知这一情况之后，奏请皇上斩掉冯益，从而消除流言蜚语。

而赵鼎继也上奏道："冯益的事情确实存在很多疑点，非常值得怀疑。而且这件事情关系到国家大体，如果皇上忽略了不加以处罚，那么外面的人肯定会认为他是皇上您派去的，这样就太有损于圣德了。臣以为，不如先暂时解除了他的职务，并且派他到外地去任职，以此来消除大家的疑惑。"

宋高宗听完赵鼎的意见之后，欣然答应了，结果冯益就被调往了浙东，而这件事并没有结束，张浚认为赵鼎这是在和他唱对台戏，心中很是不悦。赵鼎知道后说道："古往今来，任何事情都总是想着处置坏人，那么把坏人逼急了，坏人与坏人就会进行相互勾结，形成朋党，这样反而还更容易招致大祸；如果我们能够缓一缓，不要把他们逼得太急，他们之间用不了多长时间就会相互排挤，不攻自破。

而现在，冯益犯了罪，如果杀掉了他，这样并不能够叫天下的人拍手称快。可是一旦杀了他，那么众多太监就会因为恐惧皇上杀了一个冯益，而想杀第二个，那么这样就必然会竭力为冯益争取减轻罪责。因此，咱们不如贬谪了他，把他放到远离京师的地方，这样不仅无损于皇上的尊严，而且冯益自己也看见所受到的处罚很轻，自然也就不会花费心思去求别人了，更不会想着要回原来受宠的位置了。对于她的同党来说，看见他被贬，那么肯定会伺机窥求上进，自然也是不希望他再一次进宫的。可是，如果我们还大力排挤他，那么他的同党也肯定会因此而畏惧我们，这样他们之间就会勾结得更加紧密，这样一来我们就无法攻破他们了。"张浚听完了赵鼎的分析之后，十分叹服。

【释用】

孔子强调个人的品德修养，要求人应该做到省己迁善。省己迁善的内容之一就是戒贪。妄取邪求，贪得无厌是贪；吝惜财物，强取横夺是贪；与他人谋求私利是贪；聚敛财富，唯利是图是贪；广求宝物，见到自己喜欢的东西就要弄到手占为己有，这也是贪。贪心不除，是难以论道的。贪由心起，戒贪当戒心，戒心就是要修心，修心就是炼己之功。

孔子所反对的"放于利而行"，其实就是将追求"利"的程度无限扩大化了，以至于用"利"来衡量人世间的一切事情，因为这恰恰违反了他一直追求的"义"。如果人们都"放于利而行"，由于物质等满足人的欲望是有限的，这势必会引起人们之间的冲突，得到满足的人就会感到高兴，可是得不到满足的人就会有怨恨，发展到最后，就不再是争夺了，而会变成争战。

当人的行为只是出于赚钱的目的，那么肯定会招致更多的怨恨，如果行为已经违反了公众的道德准则，那么就会受到良心的谴责和公众的蔑视；如果行为更进一步，触犯了国家的法律，等待他的就是法律的严惩。

因此，要想成大事，就不能只顾着赚钱。不管是为了诚信、为了道义，还是为了照顾伙伴，总之，在利益的取舍之间，我们应该好好体会孔子的思想智慧。

我们很多人都明白一个道理：商场虽然存在竞争，但还是要"以和为贵"。做生意，就是在做人。要想把生意做大、做好，首先你要学会做人，学会做孔子所提倡的"仁"人。崇尚仁道，不要斤斤计较眼前的得失，这样就能有所得；如果忽视了仁道，抛弃了仁道，违背了仁道，对个人得失斤斤计较，虽然你能够暂时得到一点蝇头小利，但最终还是会"偷鸡不成蚀把米"，甚至触犯国家法律。

# 往昔不可谏， 来者犹可追

往昔不可谏，来者犹可追。

——《论语·微子》

【解意】

过去了的再也不能挽救，未来的还是可能补回。

有一个女孩子失恋了，原来在几天之前，与她相恋了四年多的男朋友突然就提出与她分手，当时，她想起了男朋友之前对自己的种种海誓山盟，而且男孩子还说过，要爱自己一辈子，陪自己一辈子。

就这样，女孩子每天以泪洗面，求男孩子不要离开自己。而她还给他打电话，可是他不接；给他发信息，他也不回复；结果最后，男孩子甚至悄悄地换了手机号码。

而女孩子则发疯一样四处去寻找他，这个时候才发现他早就辞职了，而且还搬了家，他的朋友也都不知道他的去向，男孩子好像突然从人间蒸发了。

女孩子在内心不甘心就这样失去他。于是整天没有心思工作，自己最后也干脆辞了职，放任自己在漫无边际的痛苦里游荡。

终于有一天，女孩子的一个好朋友说自己曾经在一家餐厅里见到她的男友和另外一个女孩在一起，而且样子显得非常亲密。

女孩子听完这个消息之后，泪汹涌而出，过了好久才恨恨地说："我要找到他，我要报复他。"

就这样，女孩子开始抽烟、喝酒、乱交男友，但是她自己却并没有因为这样而获得快乐，相反，她让自己陷入愈来愈深的痛苦当中。

一个人失恋了，痛苦不堪，感觉没有了这个深爱的人，活着就没有任何意义了。别人劝她："天涯何处无芳草。"可是在她的心中却大叫："我只要这一棵草。"因为她认为，自己爱的就是他，而不是随便其他芳草。

其实我们可以认真地想一想，她在遇到他之前，是不是也曾经快乐地生活呢，觉得生活充满了阳光，可是为什么当失去他之后，她就会觉得生活毫无意义了呢？为什么现在的她只能够在他一个人的身上获得幸福和快乐，在别人的身上得不到呢？答案就是因为偏执。

正是因为她把心理上爱的能量投射到了一个人的身上，结果当这个人离开了她的时候，她却不能够马上把这个心理的能量转到别处。

几年前，来自美洲的哈姆夫妇带着自己的两个儿子在意大利旅游，结果不幸遭遇到了一场意外车祸，7岁的长子尼古拉当场就死于这场车祸当中。当医生宣布孩子死亡之后的半个小时时间里，哈姆先生决定将儿子的器官捐出。尼古拉的脏器分别移植给了需要等待救治的6个意大利人：一个患先天性心脏畸形的14岁孩子，拥有了他的心脏；而一个19岁的生命濒危的少女，获得了尼古拉的肝；而他的一对肾分别让两个患有先天性肾功能不全的孩子有了活下去的希望；还有两个意大利人借助尼古拉的眼角膜得以重见光明。甚至就连尼古拉的胰腺，也被用于提取治疗糖尿病……

哈姆先生说："我并不恨这个国家，更不恨意大利人。我只是希望他们知道我们做了些什么。"虽然，哈姆的嘴角掩饰不住悲伤，但是他的面容却是那么的坚定而安详。

### 【释用】

在为自己设定目标的时候，只需要设定一个阶段性的目标，而不需要设定如果失败了，该怎么补救。因为你的努力告诉你，即使你失败，也是可以爬起来的。

千万不要给自己一个成功的结论和100个失败的理由，那么，你将陷入"轮回"的泥潭，不能自拔。

### 【小语】

一位真正懂得从生活中寻找人生乐趣的人，是不会觉得自己的日子充满压力和忧虑的。与其每天操心自己的工作和生活，不如在生活中享受每一次经历的过程，而且能够从中寻找到快乐。

# 过则勿惮改

子曰："君子不重则不威，学则不固。主忠信，无友不如己者。过则勿惮改。"

—— 《论语·学而》

### 【解意】

**孔子说："君子如果不庄重，就没有威严；如果学习，也不会坚固。做事要以忠和信两种道德为主，不要同不如自己的人交朋友；有了过错要不怕改正。"**

有一个叫王茜的女孩，她与用人单位约好了下午两点半进行面试，可是她却迟到了。当公司前台小姐带着她去见面试官的时候，面试官还没有问王茜什么，王茜就自己开始解释起来晚到的原因了。"由于车在路上坏了，实在不好意思。"

而面试刚刚开始没有 10 分钟，王茜动听的手机铃声就响起来了，更让面试官感到惊讶的是，她居然旁若无人地接听起了电话。

在面试过程中，当面试官问一些非常专业的问题时，王茜的回答是肯定的，但是面试官附加问一下如此肯定的原因时，王茜总是回答说："放心吧，我是学这个专业的，有着丰富的理论基础。"

结果其实大家都想到了，面试官虽然非常欣赏她的专业知识，但是由于王茜太没有自己做事的原则了，所以还是没有被录用。

【释用】

每一个人都有属于自己的做人处世的原则，特别是能够把每一件看似很简单的事情做好，这就是不简单。其实这不仅仅是一个人对待工作的态度，更体现了一个人做人处世的原则。

在工作当中，没有任何事情是不重要的，工作之中无小事。所以，任何环节、任何事情都需要我们认真地对待。

一个人做事不应该忽略一些小事情，因为小事情往往体现了一个人做人的原则。因为在我们每个人的一生当中，能够有表现自己的机会其实不多，而做人做事有没有自己的原则是可以通过日常一些小事情表现出来的。

一些在日常生活中喜欢撒谎的人，别人请求帮助推三阻四的人，我们又怎么能够指望他们在关键时刻挺身而出呢？

现在很多刚刚毕业的大学生在找工作的时候总是非常关注自己的形象，他们穿戴肯定很整齐，面试的时候也是彬彬有礼，但是结果总是屡屡碰壁。这到底是什么原因呢？其实原因很简单，就在于他们忽视了一些细节。

【小语】

一个企业在选用人才的时候，是非常注重你这个人有没有自己做人处世原则的，即使你很有专业能力，但是你没有自己做人、做事的原则，不注重细节问题，那么他们肯定是不会录用你的。如果你是企业的老板，你想想一个做事做人没有原则，不重视细节的人，又能够给公司带来多少利润呢？

在现实生活中，很多人失去了做人做事的原则，对工作马马虎虎，不尽职尽责，这样的态度导致他们一生终将碌碌无为。

有很多的年轻人似乎并不知道，一个人有自己的做人做事的原则是多么的重要。一天到晚总是看着别人的进步充满了羡慕和忌妒，其实只有踏踏实实把自己的工作做好，这才是得到进步的基础。

所以，很多人遇到问题的时候总是找各种各样的借口，其实如果每个人在任何事情面前都能够坚守住自己做人做事的原则，那么都可以出色而圆满地把事情解决掉。当然，如果一个人养成了这样的习惯，能够在生活中有正确而坚定的立场，那么相信他的人生也一定是非常圆满而幸福的。

# 小不忍则乱大谋

子曰："巧言乱德。小不忍则乱大谋。"

——《论语·卫灵公》

## 【解意】

孔子说："花言巧语会惑乱道德。在小事情上不能做到忍耐，就会打乱更大的计谋。"

隋朝的时候，隋炀帝是一个十分残暴的君主，各地的农民起义可谓是风起云涌，隋朝的许多官员也是纷纷倒戈，转向帮助农民起义军。所以，这一切都让隋炀帝的疑心变得越来越重，他对朝中的大臣，特别是外藩的重臣，更容易起疑心。

唐国公李渊，也就是唐高祖。曾多次担任中央和地方官，所到之处，无不悉心结纳当地的英雄豪杰，在多方树立恩德，因而声望很高，最后许多人都前来归附。

越是这样，大家越替李渊担心，因为怕他会遭到隋炀帝的猜忌。正在这个时候，隋炀帝下诏让李渊到他的行宫去晋见。李渊由于生病，没能前往，这让隋炀帝非常不高兴，多少产生了猜疑之心。

当时，李渊的外甥女王氏是隋炀帝的妃子，隋炀帝向她询问李渊没有来朝见的原因，王氏回答说是因为病了，隋炀帝又问道："真的吗?"

王氏就把这个消息传给了李渊，于是李渊变得更加谨慎起来，他知道自己迟早会被隋炀帝所不容，但是如果过早起事力量又不足，所以只好隐忍等待。

为此，李渊故意败坏自己的名声，表面上整天沉溺于声色犬马之中，而且大肆张扬。隋炀帝听到这些，果然就放松了对他的警惕。

正是这样，才有了后来的太原起兵和大唐帝国的建立。

孟尝君曾经担任齐国的宰相，在各国当中有着很高的声望。而在他的家中也供养了很多的食客。

当时，有一位食客与孟尝君的一个小妾进行私通。有人知道了情况，报告孟尝君说道："身为人家的食客，居然暗中和主人的妾私通，这实在是太不应该了，理所当然将他处死。"

孟尝君听完之后非常淡然地说："喜爱美女这是人之常情，你不要再提了。"就这样过了一年，孟尝君招来了那位食客，对他说："你在我的门下已经有过一段时间了，到现在还没有适当的职位给你，我心里非常不安。而现在卫国的国君和我私交非常好，不如让我推荐你到卫国去做官吧。"

在临行之前，还给他准备了车马银两。当这位食客来到卫国之后，受到了卫王的赏识和重用。而后来，齐国和卫国关系紧张。卫国的国君想联合各国攻打齐国。而这个人则对卫君说："臣之所以能够到卫国来，全是依靠孟尝君当初不计臣的无能，把臣举荐给了大王。臣听说齐、卫两国的先王曾经相互约定，将来自己的子孙后代绝对不能够彼此攻击，而如今大王您却想着联合其他国家来攻打齐国，这不仅违背了先王的盟约，同时也等于是辜负了孟尝君的情谊，就请大王取消攻打齐国的念头吧。不然，臣愿意死在大王的面前。"

卫君听完之后，非常佩服他的仁义，于是就取消了攻打齐国的念头。齐国的人听完之后都赞颂道："孟尝君可谓善为事矣，转祸为安。"

### 【释用】

正所谓："心字头上一把刀，遇事能忍祸自消。""忍得一时之气，免却百日之忧。"忍什么？其实就是"忍小忿而就大谋"（苏轼《留侯论》），就是忍匹夫之勇，以免莽撞闯祸而败坏大事。忍小利而图大业。这才是"毋见小利。见小利，则大事不成"（《论语·子路》）。

我们试想，如果勾践忍不得会稽之耻，怎能卧薪尝胆，兴越灭吴？如果韩信受不得胯下之辱，哪能做得了淮阴侯？

"蝮蛇一螫手，壮士即解腕。所志在功名，离别何足叹？"（陆龟蒙《别离》）真正是，舍不了孩子打不了狼，没有螫手断腕的勇气，缠绵于儿女情长，终究是无法成就大业的，好一个"忍"字了得啊！

但可惜的是，一般人往往停留在"忍小忿"的初级层次上，未能深入理解"忍"字的多层次内涵。

在生活中，面对不同的环境、不同的竞争对手，有的时候采用什么手段已经并不重要了，而如何把握好自己的情绪这才是至关重要的。

克制，这是为人的一大智慧，因为它有助于我们在攀登理想的高峰中，消除情感世界不可避免的潜在危机。所以，对于一个成功的开拓者来说，克制既是实现既定目标的保证，又是取得更大成功的起点。

"小不忍则乱大谋"，孔子的这句话在人们中间已经极为流行，甚至成为了后人用以告诫自己的座右铭。

它告诫我们：有志向、有理想的人，千万不要去斤斤计较个人得失，更不应该在小事上纠缠不清，逞匹夫之勇，而应该有一个开阔的胸襟和远大的抱负。只有这样，才能成就大事，实现自己的伟大梦想。

# 凡事豫则立， 不豫则废

凡事豫则立，不豫则废。

——《中庸》

【解意】

**任何事情，有准备就能成功，没准备就会失败。**

暑假到了，杰克报了一个法语补习班，决定好好学一下法语。

杰克把报补习班的事情告诉了他的父母，父母对他说："杰克，我们不是早就说好了这个暑假去法国旅游的吗，这不也是你梦寐以求的吗，怎么就去报了个补习班呢？"

杰克回答说："没错，去法国看凯旋门和埃菲尔铁塔一直都是我的梦想，但是我想，如果我在学会了法语再去的话，应该能够更深刻地理解和体会法国的文化，以及那些著名建筑的深刻内涵。如果我就现在这样去，由于语言不通，我们只能看到它们的表面现象，却不能深刻领略它们的内涵。因此我决定学习一段法语之后再去。"

他的父母听完杰克的话很是高兴，因为他们有一个懂得在出发前做好准备的儿子。

杰克毕业之后，到了一家网络公司做技术员，很快他就在众多的技术人员中脱颖而出，被老板任命为部门的技术主管。虽然杰克早已取得了博士学位，但是他心里时常都保持着一种危机感，他在自己办公室的办公桌上贴着一张纸条，纸条上写着：在知识经济的时代，任何事情都以格罗夫所说的"十倍速"高速地向前发展，如果你一年时间没有学习，那么你所学过的知识就已经折旧了80%。所以为了不让所学过的知识折旧，我就必须努力学习，天天向上。

杰克之所以能在众多技术人员中脱颖而出，其主要原因是他每天都努力地坚持学习。因为他始终都这样认为：学习就像是一种投资，学习可以为自己未来更好的发展做好充足的准备。

现实生活中总有人抱怨世道不公，其实机会是有亲和力的，它总是喜欢那些做好准备的人，而也只有那些有着充分心理准备和必要的物质准备的人，才能够成为机遇的把握者。

周瑞这位北京小伙子，在自己刚刚过完30岁生日的时候就被美国的一家计算机公司给看中了，让他出任北京办事处的首席代表，也就是中国地区的总经理。这对于30岁的年轻人来说真是非常不错的机遇。

可是在此之前，周瑞只不过是该公司北京办事处的一名普通的员工，而当时这家公司已经准备撤销在中国的办事处了。可是他真的非常幸运，在 1999 年 12 月底，正好在他考虑如何走自己下一步的时候，公司总部却招他去开会。

为什么公司总部要把他召回去开会呢？因为他的领导听说中国办事处要撤销了，所以已经辞职另谋高就了；还有一个原因是因为周瑞给公司总部领导留下了深刻的印象。

结果周瑞就拿着笔记本电脑坐上了飞往美国的飞机，而对于会议的内容和参会人员任何信息都不知道。周瑞心里也没有底，他在飞机上一直琢磨着，经过 10 个多小时的飞行，他到达了美国的机场，而且在飞机上的 10 个小时，他已经做出了公司未来两年在中国的发展计划。

这份计划的完成是不容易的，这与周瑞平时养成的喜欢积累心得体会的习惯是分不开的，因为周瑞认为，即使和别人做一件相同的事的时候，也能够从中得到和别人不一样的收获。

就在开会前五分钟，周瑞被要求在公司总部会议上发言，结果周瑞就把自己为公司未来做出的中国发展计划展示给了公司的总裁。

正是由于周瑞的发言，改变了公司年收入 60 亿美元的决策，当然也给自己带来了新的机会。公司决定不仅不撤销在中国的办事处，而且还要加强在中国的发展，并且总公司对周瑞委以重任。

周瑞正是在关键的时刻，取得了胜利，同时也让他明白，机会从来都只是青睐那些有准备头脑的人。

## 【释用】

"凡事豫则立，不豫则废"就是教人怎样做到一个"豫"字的。"豫"就是预先做好准备，凡是处理任何事情，预先做好各种准备是必要的，这样才更容易获得成功，如果不做任何准备那是极容易失败的，古人也曾经用三个"前定"来阐述这个"豫"字。

凡是发表意见，特别是在重要场合讲话，要事先准备好讲什么、怎么讲。古人说这叫"言前定则不跲"。

凡是要采取某种行动，大至行军作战，小到出门旅行，都要预先考虑这一行动中将会遇上什么情况，做好相应的准备。这叫作"行前定则不疚"。

至于要建立一种学说，阐明一个道理，那就更需要花费大力气做好周密的准备，论点必须正确，论据要充分，论证要符合逻辑，这样才能够让人无可辩驳。这叫作"道前定则不穷"。

### 【小语】

有位伟人曾经说过："情况总是在不断地变化发展的，只有通过学习，才能不断地适应外部环境的变化，如果停止了学习，想要继续发展是非常困难的。"

将来如果你想生活得更好，光有工作技能是不够的，还需要不断地学习。学习的目的不仅仅是为了谋生，也是为了创造更好的生活。现在的社会竞争日益激烈，我们必须树立不断学习的观念，因为只有这样，才不会落后于别人，才不会被社会所淘汰。

# 必也临事而惧， 好谋而成者也

**【解意】**

**孔子说："赤手空拳和老虎搏斗，不用船只去渡河，这样一介武夫，死了都不后悔的人，我是不和他共事的。我所共事的是那种面临任务便恐惧谨慎，善于谋略而又能完成任务的人。"**

美国前总统罗斯福的家有一天晚上遭到偷盗，丢了很多的东西，一个朋友得知了这件事情以后，特意来安慰罗斯福。然而，罗斯福却笑着对他的朋友说："我很好，你不要担心，因为我并没有被小偷偷去我的所有资产，他还'善意'地给我留下了一部分；而且他只是想着偷我的东西，并不是打算要了我性命，更何况他是我不认识的人，而不是我身边的亲信。"

曾经有一位老妈妈生了两个女儿，大女儿嫁给了一个做雨伞生意的人，二女儿在一个染坊工作。这位母亲每天的心情都非常不好，天天忧愁。天晴了，她就开始担心大女儿的伞卖不出去；可是天阴了吧，她又担心二女儿染坊里的衣服晾不干，影响女儿的收益。于是就这样，老妈妈晴天也忧愁，阴天也忧愁，没多长时间，头发就全白了。

有一天，一位远方的亲戚来看老妈妈，对于她的满头白发感到非常惊讶，问其缘由后不觉好笑，这位亲戚说："阴天的时候你大女儿的伞好卖，而晴天的时候你二女儿的染坊生意好，这样你每天都有快乐的事，应该高兴才对，为什么整天还要愁眉苦脸呢？"老妈妈仔细地想了想，道："真是言之有理！"从此，她每天都是笑口常开，整个人的精神也好多了。

还有这样一个故事。

一天早晨，一个叫卡纳奇的电报收发员来到办公室，得知一辆被撞毁的车子将道路阻塞了，因此铁路运输陷入了瘫痪，而铁路分段长也正好不在。按照规定，只有铁路分段长才有权发调车令，别人这样做会受到处分，甚至被革职。车辆越积越多，按喇叭的声音和行人咒骂的声音此起彼伏，甚者还有人因此动起手来。看到这种情况，卡纳奇想："不能再等下去了。"他毅然发出了调车电报，上面签着铁路分段长的名字。

当分段长回来的时候，阻塞的铁路早已是畅通无阻，一切都已恢复正常。不久，卡纳奇被分段长任命为自己的私人秘书，后来分段长升职后，卡纳奇又做了这一段铁路的分段长。发调车令属于分段长的职权范围，其他人没人敢突破这个"围"，只有卡纳奇敢于这样做了，并且获得了成功。

**【释用】**

换一种立场来思考问题，这需要对生活有着敏锐的观察和深入思考的能力。如果一些人看不起你，说你的能力怎么怎么不行，业绩怎么怎么差劲，事情做得怎么怎么不好，在这个时候你一定不要生气，也许这正是改变别人对你看法的最好机会。当你通过实际行动和优异成绩来证明你是能干的、能行的，这些鄙视你的人自然也就不再鄙视你了。所以在你换一种眼光的时候，也让别人换了他的眼光，我们有的时候真的应该感谢别人对自己的鞭策和激励。

换一种立场看问题，从不同的方向寻找出路，你就会明白，生活中的苦、累、幸福、痛苦等这些都取决于人的一种心境，更是我们生活态度的反映。换一种立场看问题，你就会从容坦然地面对生活，再也不会拿别人的错误来惩罚自己了。

## 【小语】

当痛苦向你袭来的时候，你可以换个角度看问题，勇敢地面对挫折。换一种立场看问题，自己就会在平淡的生活中感受到意想不到的快乐，心灵也会变得豁亮，从此不再烦恼。

我们每一个人都应该学会换一种立场看问题，不要以偏概全，更不要以主观来否定客观。这样，我们才能在对主、客观清醒认识的基础上更好地改造世界，建设美好的生活，成就伟大的事业。

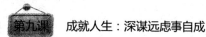

# 毋意，　毋必，　毋固，　毋我

子绝四："毋意，毋必，毋固，毋我。"

——《论语·子罕》

## 【解意】

**孔子拒绝四种毛病："不凭空进行臆测，不把事情看得绝对化，不固执己见，不事事都想着自我。"**

曾经有一位王先生，他是某单位人事处的一名普通工作人员，当然也是一位工作能力相当强的人。

可是在王先生刚去人事处的时候，同事当中几乎没有一个人和他关系要好，王先生发现同事们自始至终对他都是客客气气，敬而远之。

王先生左思右想实在搞不明白为什么同事们对自己是不爱搭理，敬而远之的。他也常常利用工作之余与同事们聊聊天，拉拉家常。只不过因为人事处是一个实权部门，王先生刚去的时候确实有些感到春风得意。

所以在聊天的时候，王先生总是喜欢以自我为中心，聊天的内容也都是围绕着自己对现在的工作如何满意，过去的同学朋友又是如何想尽办法与自己套近乎，请求帮忙，自己又是如何记不清他们的名字，但是还是有人硬给自己送礼之类的话。王先生发现，在刚开始的时候，同事们还挺感兴趣的，甚至有的时候还跟着附和几句，但是久而久之，就很少有人再跟他一起分享属于他自己的快乐了，同事都开始有意无意地疏远他。

王先生一直都不明白自己为什么会遭到同事们的冷落。直到后来有一次，经过他当了多年领导的父亲的点拨，王先生才意识到问题的症结所在。

从此之后，王先生再跟大家在一起的时候，很少谈论自己的事，而是多听别人讲话，因为别人也有很多事是需要拿出来吹嘘的。王先生在与别人闲聊的时候，总是先请对方滔滔不绝地炫耀他们的成就，而提到自己时只是非常谦虚地说两句。

时间长了之后，王先生与同事的关系变得越来越好，不管是上司还是同事都愿意同他交往，直到王先生最后被提升，都没有人说闲语。

## 【释用】

老子曾经说过："良贾深藏宝若虚，君子盛德貌若愚。"意思就是说商人总是隐藏其宝物，君子品德高尚，而外貌却显得愚笨。也就是告诉我们，人要学会藏其锋芒，收其锐气，不要让别人对自己的优势一览无余。

做任何事情都不能到极端，到了极端就必然会走向反面。孔子强调的刚柔相济的处世方法，其实在《易经》中说："太阳到了正午的时候就要往西边偏斜了，月亮到了满月时就要开始缺损了。"正是在强调极端阳刚，必然产生反作用。而我们只有时刻警惕、谨慎，顺应变化，把握住刚柔进退的分寸与时机，这样才能确保安全，从而走向成功。

更何况，没有哪个人喜欢别人处处显得比自己高明、优秀。你如果真的比别人高明，别人也是看得见的，根本就不需要你自己去吹嘘。相反，如果你经常把自己放在一个不重要的位置，而时刻把别人放在心上，而且经常对别人给予关心，那么你一定能够改善和巩固同周围人的关系。

### 【小语】

我们既应该懂得工作的重要，也要体会到生活的乐趣，能够随时把心中最真诚的愉悦带给大家，这才是处理好人际关系的要诀。

维也纳心理学家亚佛·亚德勒曾在书中写道："对别人不感兴趣的人，他一生中的困难会很多，对别人的伤害也最大。所有人类的失败，都是出自于这种人。"

可见，人们通常喜欢以自我为中心，一般不把他人放在眼里，但是生活中的很多问题，就是由于一方不把另一方放在心上，甚至是双方都互相不把对方放在心上而引起的，种种仇视和敌意也都是由此而产生的，最后给大家带来了数不清的麻烦。

如果我们每一个人都能够对别人多一份关注和重视，那么你将多一位朋友，世界也将多一份温馨与和谐。

# 必使反之， 而后和之

## 【解意】

**孔子与别人一起唱歌，如果唱得好，一定要请他再唱一遍，然后和他一起唱。**

前几天，有几个朋友在一起吃饭，酒足饭饱之余大家开始闲谈起来，一个人说道："王兄，最近又有什么新作？"王兄还没有回答，就听见另外一个人说道："齐兄，你这还要问吗？王兄才思敏捷，而且文采过人，又耕耘在文坛，怎么会没有大作呢？"王兄听完之后心里当然是非常高兴了，但是嘴上还是谦虚地说道："孙兄，你真是言重了，几篇文章又怎么算得上是大作呢？"

从前有一位母亲在和别人聊天时候谈起了自己的孩子。

她的儿子有一次提出了一个简单得不能再简单的要求，就是希望妈妈给自己买一条牛仔裤。可是儿子又怕自己的母亲不给买，因为他已经有一条牛仔裤了。

于是她的儿子就开始想办法，采用了一种非常独特的方式。她的儿子并没有像别的小孩子那样又哭又闹，死缠烂打，而是非常郑重地对妈妈说道："妈妈，您是这个世界上最好的妈妈了，那你有没有见过好妈妈的儿子只有一条牛仔裤呢？"

儿子这种略带天真，又有一点小心思的话，一下子就把妈妈给打动了。现在妈妈在和朋友聊天的时候，说起了当时自己的感受："儿子这么说话，让我不得不答应他的要求，不答应的话真的是对不起他啊，我就算是在自己的身上少花一点钱，也不能太委屈了自己的孩子。"

仅仅是儿子的一句话，就把母亲给说服了，从而达到了自己的目的。儿子能够从母子的道义上面来刺激自己的母亲，让母亲觉得儿子的要求合理，并不过分。

**【释用】**

每个人都希望得到别人的赞美，每个人对他人都有一份期待，希望能够得到他人的尊重，希望自己的人生价值能够得到他人的肯定，而别人恰如其分的赞美，就能够让自己感到满足。所以我们不要吝啬每一句赞美他人的话。

**【小语】**

其实多说一些夸奖别人的赞美之言，有助于拉近你们之间的距离，但是赞美之言一定要发自内心，因为语言可以反映一个人的内心活动，一些不真诚的赞美很有可能就会让别人觉得不舒服。

# 敏于事而慎于言

**【解意】**

**孔子说："君子吃饭不要求饱，居住不讲究舒适，办事勤奋敏捷，说话谨慎小心，能经常向道德高尚的人学习，并改正自己的缺点，这样做就可以称得上是好学之人了。"**

战国时期，有一位天下知名的辩士苏秦，他是东周雒阳人，苏秦曾经到齐国拜师求学，拜在鬼谷子先生门下学习。

苏秦外出游历多年，最后把自己弄得是穷困潦倒，狼狈地回到家里。当时苏秦的兄嫂、弟妹、妻妾看见他一副惨样，在私下讥笑他说："周国人的习俗，人们都治理产业，努力从事工商业，以追求赢利为事业。可是如今您却丢掉了本行而去干耍嘴皮子的事，穷困潦倒，想想这也是活该。"

但是苏秦并没有因此而改变自己的理想，他再次发奋学习，头悬梁，锥刺骨，终于学有所成，于是就前去游说周显王。但是不料周显王身边的臣子对于苏秦的贫寒家境都是有所了解的，因为苏秦穷，所以对他鄙夷不屑，周显王也受到身边大臣们的影响，也就不理会苏秦的游说。

苏秦只好向西到了秦国，又向东到了赵国，但是这秦赵两国的国君也都没有理睬苏秦的游说。

之后，苏秦又去燕国游说，等了一年时间才见到了燕王，终于说动了燕王，资助他重返赵国，再次游说赵王。而这个时候，恰好赵王刚刚死去，新即位的君王刚好也接受了苏秦的建议，并且还赐给他车子一百辆，载上黄金一千镒，白璧一百双，绸缎一千匹，用来游说各诸侯国加盟，从此就拉开了战国合纵连横的序幕。

**【释用】**

孔子在这里提出来关于"学问"的另外几个方面：对于人生活品质的追求和行重于言的基本思想。孔子认为有德之士不应该追求奢侈享受的生活，反而要反对享乐主义的人生，特别是在处于困境的情况下，更应该把自己对于物质生活的追求降到最低点，只要能够做到吃饱，有一方安居之地就可以了。

"食无求饱，居无求安"这八个字，我们说起来很简单，但是从古至今却很少能够有人做到的。

追求奢侈的物质享受，甚至是在贫困的生活条件下就开始想入非非，超前消费，这是一些人的通病。正是因为高品质的物质生活最容易得到别人的认可，也更容易满足自己的虚荣心。所以，许多人观察别人的时候不是看对方的修养学识，而是以贫富论英雄。我们很多人都曾经在困顿的情形下遭到过白眼，产生过强烈的失落情绪，因而我们也很容易受到这种群体心理的暗示和影响，将对物质生活的追求看成是人生的最高目标。

在如今的时代，孔子的这一思想更显示出了其不可低估的实用价值。如果一个人希望自己这一辈子能够事业有成，首先要做的就是把持住自己的内心平静，千万不要理会外界纷杂的喧嚣与干扰，学会脚踏实地地去做自己想做的事情，也只有这样，才真正理解了《论语》向我们传承的千载不朽的智慧。

脚踏实地地做事，首先就是要明了行重于言的重要性。在做事的时候要多用心，在说话的时候要多加小心，如果一个人能够做到这一点，那么可以说已经接近了人间大道，也才可以称得上领悟了真正的学问。

# 不患人之不己知， 患不知人也

子曰："不患人之不己知，患不知人也。"

—— 《论语·学而》

**孔子说："不要担心别人不了解自己，要忧虑自己不理解别人。"**

在三国时期，曹操和袁绍在官渡打仗。当时曹操的军队远远不如袁绍的军队强大，但是袁绍这个人却刚愎自用，不听信忠言，一再坐失战机。

而曹操则是非常富有谋略的人，更是善于用兵。结果，战事最后以曹操的胜利而告终。当曹操打败袁绍之后，曹军的将士在袁绍的军营里面搜到了一些信件，这些都是曹操手下的某些文臣武将与袁绍暗相勾结、示好献媚的信。当时就有人建议曹操把这些写信的人全都抓起来杀掉。

但是曹操并不同意这样做。他说："当初袁绍的力量是非常强大的，连我都感到难以自保，我们又怎么能去责怪这些人呢？如果我站在他们的位置，也许我当时也会这么去做的。"

于是曹操立即下令把所有的信件全部烧掉，对写信的人也是一概不予追究。而那些原本惶恐不安的文臣武将一下子把心放到肚子里，从此之后对曹操更是忠心耿耿、鼎力相助了。

### 【释用】

一个人不应该怕别人不了解你，而最怕的就是你自己不了解别人。这就让我们想到了孔子另外的一句话："人不知而不愠，不亦君子乎？"

可能这就是我们每一个人的通病，常常觉得自己了不起，甚至在自己说错了一句话，就会脸红，可是三秒钟过后，脸立刻就不红了，因为我们会在心里马上找出很多理由来支持自己的错误，表面认为自己是完全正确的。等再过更长的时间，就会觉得自己更是对的。

人，就是这样，总是习惯怪别人不了解自己，而对于自己是不是了解别人这样一个问题却往往不去考虑。

### 【小语】

学会换位思考，说到底就是善于站在别人的立场上去为他人着想，这样就会在你的身边集聚更多的人，人们也更加愿意同你结交，你的朋友自然就会越来越多，你的事业和人生也会越来越顺利。

俗话说："当局者迷，旁观者清。"又有诗云："不识庐山真面目，只缘身在此山中。"人们在看待事物、处理问题的时候总是习惯于用主观的、单一的思路进行思考，很难跳出自我的圈子。

如果这样长久下去就会形成"舍我其谁"的态度，我们每个人的生活环境是不同的，生活阅历也不同，工作能力和经验更是有高低之分，观察和思考事物的角度、分析问题的思路也是存在差异的。只有用辩证唯物主义"一分为二"的观点来处理问题，降低姿态、转换角度、调整视角、变换位置，求同存异，在比较中进行反思，我们就会发现结果也会大不相同。

# 第十课　驰骋人生：
## 扮演好自己的角色

　　一个人要使自己的聪明和才干得到发挥，就必须学习与人相处的艺术。一个自恃才高、恃才傲物、不懂得与别人合作的人，是很难使自己的才能得到应有的发挥的。

　　在内坚持自我，积蓄力量；在与人为善、坦诚相待，这才是做人做事的不二法门。

# 求也艺，于从政乎何有

**【解意】**

鲁国的卿大夫季康子问："子路可以让他从政吗？"孔子说："子路办事果断，去从政那还有什么困难呢？"又问："端木赐也可以让他从政吗？"又答："端木赐能通达人情事理，那他从政，你说还有什么问题呢？"又问："冉求能让他去从政吗？"又答："冉求多才多艺，你说让他去从政还有什么不可以的呢？"

汉献帝建安 15 年（公元 210 年）春，曹操下达第一道《求贤令》，在这道命令中明确提出了"唯才是举"的口号，不仅为了改变东汉后期选举制度的弊病，而且是为矫正自己政权中前一阶段在选拔官员标准上的偏差。曹操在统掌朝政大权后，委任崔琰、毛玠主持官吏的选拔与任用，崔琰与毛玠以清廉正直著称，"其所举用，皆清正之士，虽于时有盛名而行不由本者，终莫得进。务以俭率人，由是天下之人莫不以廉节自励"。朝廷之中，廉俭之风大行，贪秽浮华之人都被贬退。

建安 19 年，刘备入据益州，三国鼎立的局势已基本形成，曹操并未因自己占据中原，在政治、经济上都有明显优势而稍有松懈，仍以招揽贤才作为首要任务，在这年的 12 月下达《敕有司取士勿废偏短令》。

曹操在这道命令中明确指出德行与才干并不是统一的，而且再次提到上次《求贤令》中已谈到的"盗嫂受金"的陈平，认为陈平虽然品行不正，但他辅佐刘邦建立汉朝的基业，功不可没。因此，曹操申令有关部门不能求全责备，不要埋没那些有缺点的贤才。

建安 22 年，曹操已是 63 岁，在前一年已被进爵为魏王，这年四月，献帝又命曹操"设天子旌旗，出入称警跸"。但他志在统一天下，连年出师征讨，同时，也更迫切地需求贤才，于这年 8 月，下达《举贤勿拘品行令》：

曹操在这道命令中再次重申自己"唯才是举"的方针，并指出无论是伊挚、傅说那样出身贫贱之人，管仲那样的旧敌，萧何、曹参那样的小吏，韩信、陈平那样身遭污辱并受人耻笑的人，甚至像吴起那样不仁不孝的人，只要有治国用兵的才干，就要加以任用。充分表现出他的雍容大度以及不拘一格，求贤若渴的心情，同时，也反映出他与东汉时期用人传统的完全决裂。

曹操不仅用命令形式提出"唯才是举"的方针，实践中也确实贯彻了这一方针。他不仅任用荀彧、荀攸、钟繇、陈群、司马懿、何夔而等大族名士，也同样信任有"负俗之讥"的郭嘉、简傲少文的杜畿等人。而且曹操能以大业为重，不念旧恶，如张绣在归降后又起兵突袭，杀死曹操的长子曹昂、侄子曹安民以及爱将典韦，但以后张绣来降时，曹操捐弃前嫌，对他的宠遇优于诸将。陈琳曾为袁绍撰写檄文，痛斥曹操的罪行，并辱及曹操的父亲和祖父，可陈琳归降后，曹操爱惜他的文才，不仅未加惩处，还委派他掌管文书往来。史称曹操"知人善察，难眩以伪，拔于禁、乐进于行阵之间，取张辽、徐晃于亡虏之内，皆佐命立功，死为名将；其余拔出细微，登为牧守者，不可胜数。"

**【释用】**

孔子是非常看重做官从政这件事情的，他不仅身体力行，孜孜以求，而且还经常鼓励并大力推荐弟子做官从政，因为孔子一直以来都认为政治可以最大限度地影响一个国家，作为以读书学习和掌握知识为业的士人，更应该积极参与国家的政治，用自己所学的知识为国家民族效力，这也就是广为流传的"达则兼济天下"。所以当鲁国权臣季康子问仲由、端木赐和冉求能否从政时，孔子列举各自的长处，说他们都可以做官从政，为鲁国效力。

其次，孔子认为人应该各有所长，作为执政者应该了解他们的长处，用其所长。只要取其所长，人人皆可任用。这对那些认为国中无人，求全责备的执政者来说，无疑是一个教训。

执政者的主要问题就是，他们一旦掌握权力，就觉得自己无所不能，目空一切，目中无人。目中无人主要是目中没有别人的优点，看不到别人的优点，唯我独尊。别人一无是处，只有他最高明，于是就事事听他的，于是他说一不二，这样就产生了独裁与专制。

**【小语】**

熟能生巧，巧能生精，即练习造就完美，熟练才能精通。那些在各行各业出类拔萃的顶尖人士，尽管优点不一而足，成就也有所不同，但他们却都有一个共同也是最基本的特点：热忱、专注与勤奋。因为热忱，所以能够投入巨大的动力与能量；因为专注，所以能够心无旁骛、勇往直前；因为勤奋，所以才能够练就一手专长。

# 饭疏食，没齿无怨言

或问子产，子曰："惠人也。"问子西，曰："彼哉！彼哉！"问管仲，曰："人也。夺伯氏骈邑三百，饭疏食，没齿无怨言。"

——《论语·宪问》

【解意】

有人问子产是个怎样的人，孔子说："是个有恩惠于人的人。"又问子西，孔子说："他呀！他呀！"又问管仲，孔子说："他是个有才干的人，他把伯氏骈邑的三百家夺走，使伯氏终生吃粗茶淡饭，直到老死也没有怨言。"

在一个大山深处的寺庙里面，有一个小和尚，他每天的主要工作就是负责早晨清扫寺院里面的落叶，但是小和尚对于这个差事，已经很厌烦了，总想去做点别的事情。

等到秋季来临，落叶变得更多了，这就让小和尚感到非常的头疼，于是他就去向寺庙里的师兄们请教，希望大家能帮助自己早日摆脱这种厌烦的情绪，让自己每天可以轻松起来。

这件事情最后传到了住持的耳朵里，当住持知道了他的烦恼以后，就主动找到小和尚，与他谈心。小和尚当然也很坦诚地向住持说出了自己心中的委屈。

住持对小和尚说道："明天在你开始打扫落叶之前先用力摇一摇树，把落叶都统统地摇下来，这样的话你明天把落叶扫完了，后天就不用再扫落叶了。"

当小和尚听完住持的建议之后非常的高兴，第二天一大早，他就开始主动去摇晃寺院里面的树，一直把所有树上面的叶子摇得再也不会落下来一片为止，然后小和尚就开始用扫帚仔仔细细地打扫了一遍。

这一天可以说是小和尚最开心的一天了，到了晚上，小和尚心想：明天肯定不会这么累了，再也不会有落叶了，于是小和尚高兴地睡着了。

可是第二天，当小和尚起来之后走到院子一看，傻眼了：昨天的努力全都白费了，院子里面还是和以前一样，满地都是落叶。

这个时候，住持笑呵呵地向他走来，语重心长地说道："傻孩子，你知道我昨天为什么给你出这个主意吗？就是因为我希望你能够明白：无论你今天是多么的努力，明天还会有落叶飘下来的。"

当小和尚听完住持的话以后，立刻就明白了。

### 【释用】

孔子对任何问题都会进行区别对待，绝对不会钻牛角尖。对管仲也是如此。孔子说管仲夺了别人的土地，人家还对他没有怨言，是个人才。

对同一个人有着不同的评价，这是因为孔子针对的是不同的事件、不同的问题和不同的层面做出的，也说明孔子有着充分的辩证思维。

## 【小语】

在现实的生活中，我们也有小和尚这样的困惑，想着把所有的事情都做得很完美，能够把自己所有的烦恼都化解掉，可是实际上，很多事情是不可能提前完成的，如果一个人过早地为将来而担忧，可以说是于事无补。新的一天总会遇到新的问题，不要试图去透支明天。

# 君使臣以礼，臣事君以忠

定公问："君使臣，臣事君，如之何？"孔子对曰："君使臣以礼，臣事君以忠。"

——《论语·八佾》

## 【解意】

**定公问孔子："君主使用臣下，臣下侍奉君主，怎么样才算好呢？"孔子回答说："君主要按照礼来使用臣下，臣下要忠心地侍奉君主。"**

秦穆公是一个非常英明的君王，他治国有方，文臣武将能够各尽其力，政务更是井井有条。而且秦穆公一直都有称霸中原的野心，不仅从军事上大力扩张实力，而且还非常注意施恩布惠，收买人心。

秦穆公养有一匹千里良驹，因为得来不易所以他备加珍惜。为此特地修建了新马厩，各处也都是洗刷得一干二净，金络脑宝石鞍，配备得齐整很多，由于秦穆公对这匹马喜爱异常，于是就安排了两名马夫精心伺候它。

有一天，马夫们由于粗心大意，马厩门没关严，结果千里马瞅准机会便跑了出去。

这匹马越跑越远，跑出了都城，来到荒郊野外。由于这匹马已经养尊处优惯了，没有料到会有什么危险。当时一群贫困的老百姓看见了这匹没有主人的肥马别提有多高兴了，一拥而上将它逮住，毫不犹豫地就把它杀了，三百个老百姓美美地吃了一顿马肉。

后来，马夫发现马走失了，吓得大惊失色，赶紧报告上级官吏。官吏心想，这可是君王的爱马，万一有个三长两短怎么得了，结果一大帮官吏倾巢出动去寻找，后来好不容易找到了这匹马，但是却被眼前的景象惊呆了：一大群衣衫褴褛的穷人正围着一锅肉吃得欢，旁边的地上扔着马皮和骨头。

毫无疑问，这三百个人被统统抓了起来，只需要等到秦穆公一声令下便可以处以极刑。以百姓的贱躯，居然还敢吃君王的爱马，还有比这更厉害的弥天大罪吗？官吏抱着将功折罪的心情飞报秦穆公，请他定夺。

秦穆公听了之后，沉吟半晌，说："放了他们吧。"

"啊？为什么，他们这些穷人可是吃了您的千里马啊！"

秦穆公说："君子不能够为了牲畜而害人。算了，不要惩罚他们了，放他们走吧。而且，我听说过这么回事，吃过好马的肉却不喝点酒，则是暴殄天物，而不加以补偿，对身体是大有害处的。这样吧，再赐给他们一些酒，放他们走吧。"

过了几年，秦国再一次发生饥荒，而当时的晋惠公却趁机大举入侵，秦穆公急忙率领大军抵抗。就在这时，有三百名勇士主动请缨，原来他们就是多年前吃掉秦穆公爱马的那群百姓。

战场上可谓是杀声震天，秦穆公已经被晋军包围了，而且身上还受了伤。三百名勇士为了报恩，护卫着秦穆公左右突击，拼了死力斩杀晋军，晋军被吓得连连后退，撤了包围圈，直到此时，秦穆公才得以安全地逃脱。但是那三百人杀得性起，继续追杀晋军，竟然反败为胜，在乱军中将晋惠公活捉了，最后凯旋回国。

## 【释用】

现在用孔子说的这句话来理解和处理领导与下属之间的关系，就是告诉人们，领导要想得到下属的忠诚，首先应该按人之常情和事之常理对待下属。而礼的内容有很多，比如尊重、仁慈、爱护等，领导如果对下属尽心，那么下属自然也会对他忠心。

其实，聪明的上司，无论是君主、将领还是一般的领导者都非常明白这个道理。争取群众的最大支持，这才是建功立业的根本，不得人心者必失天下，这是古已有之的训导。

而为了争取人心，施恩布惠可以说是最简便，并且是直截了当的手段。空口说白话，一大堆甜言蜜语，许诺人家多少年之后能够荣华富贵，不如当即拿出实际行动来，让群众看得见摸得着，能够得到实在的好处。

## 【小语】

有一种人喜欢做好人、行善事，这是一种惠而不费的手段，握有实权的人都非常愿意使用。比如秦穆公舍马施恩、袁盎救人救己、刘邦遣发役夫等等。他们不必自己掏腰包，而对人对事采取一种宽容的态度，对犯错误的人睁一只眼闭一只眼，就能够换得他们的衷心感激和爱戴，用河水洗船，无须拔自己一根毫毛，这真是世间最划算的事情。

还有另外一种人，他们具有与群众同甘共苦，甚至是生死与共的精神。这一种人往往能够得到群众发自内心的拥护，他们与群众的结合最为有力和牢靠。比如吴起吮痈治病，就不是一般沽名钓誉之徒能做得到的，他的仁慈爱人和身先士卒都被士兵们看在眼里，敬在心里，所以，吴起的部队具有极其顽强的战斗力。

# 居上不宽， 为礼不敬

子曰："居上不宽，为礼不敬，临丧不哀，吾何以观之哉？"

——《论语·八佾》

## 【解意】

孔子说："坐在上级的位置，待人不宽厚；执行礼制，不庄重认真；遇到丧事，不悲哀。这还有什么可以看的？"

楚国在与其他国家进行战争的过程中，连续几次取得了胜利。当时群臣都向楚庄王祝贺，庄王设宴款待群臣。席间，楚庄王命令自己最宠爱的妃子为参加宴会的人敬酒。

这个时候，天色已经渐渐暗下来，大厅里面开始燃起了蜡烛。猜拳行令，敬酒干杯，君臣正喝得兴高采烈，好不热闹。忽然，一阵狂风刮过，客厅里面所有的蜡烛一下全被吹灭了，整个大厅一片漆黑。

楚庄王那位漂亮的美妃，正在席间轮番敬酒，突然，黑暗之中有一只手拉住了她的衣袖。对这突然发生的无礼行为，美妃喊又不敢喊，走也走不掉，情急之下，她急中生智，顺手一抓，扯断了那个人帽子上的帽缨。那个人见状手一松，美妃趁机挣脱身子跑到楚庄王身边去了，向楚庄王诉说被人调戏的情形，并且告诉楚庄王，那人的帽缨被扯断，只要点燃蜡烛，检查帽缨就可以查出这个人是谁。

楚庄王听完了宠妃的哭诉，却不以为然。他想，怎么能够为了这点事情就让部属受到惩罚呢？于是，楚庄王趁蜡烛还未点燃，便在黑暗中大声说道："今天的宴会，可谓是盛况空前，请大家开怀畅饮，不必拘礼，大家都把自己的帽缨扯断，谁的帽缨不断谁就没有好酒喝！"

群臣们哪里知道楚庄王的用意，为了讨得楚庄王的欢心，纷纷把自己的帽缨扯断。后来，等蜡烛重新点燃，所有赴宴人的帽缨都断了，根本就找不出那位调戏美妃的人。

就这样，调戏楚庄王宠妃的人，不仅没有受到惩罚，甚至连尴尬的场面也没有发生。按说，在宴会之际竟敢调戏王妃，那是杀头之罪了。

可是楚庄王为什么不加追究呢？等到宴会结束之后，楚庄王对自己的王妃解释说："酒后失态是人之常情，如果追查处理，反而会伤了大臣们的心，使众人不欢而散。"

没过多长时间，楚庄王借口郑国与晋国在鄢陵会盟，于第二年春天倾全国之兵力围攻郑国，战斗可谓是十分激烈，历时三个多月，发动了数次进攻。

而在这次战役当中有一名军官却是奋勇当先，凶猛异常，与郑军交战斩杀敌人很多，郑军闻之丧胆，只得投降。

楚国最后取得了胜利，在论功行赏的时候，才知道奋勇杀敌的那名军官名叫唐狡，原来他就是在酒宴上被美妃扯断帽缨的人，他正是通过这样的行动来感恩。

作为上级如果不能以"察察为明",显得过于精明,眼睛里揉不进沙子,根本不懂得装糊涂,那么这就是"居上不宽"。俗话说:"金无足赤,人无完人。"如果你是别人的上级,你无法容忍下属的任何过错与不足,那么你与下属的关系必然不好。

在历史上有很多明君,他们对待下属的无意之过都是睁一只眼闭一只眼,在一些细小的事情上他们都不过分追究,不会把下属逼得每日战战兢兢,如临深渊、如履薄冰。但是当遇到大事情的时候,或者是触犯了大原则的时候,他们也毫不客气,一点也不手软。

其实,下级对上级行礼要恭敬,上级对下属则应该爱护,双方都应该做到诚恳、真挚。而且当别人遇到悲痛的事情的时候,我们也要表现出真诚的哀痛,否则你就没有必要假惺惺地去关心别人。

"容人之过,方能得人之心"。有过失的人常常希望得到别人的宽容和友谊,希望能够得到悔过自新的机会。这种需要一旦得到满足的时候,他们的对立情绪也会立即消失,感恩戴德。

俗话说:"受人滴水之恩,必当涌泉相报。"这种情况也会很快在心理上占据主导地位。如果在这个基础上,能够稍加引导,就会产生像"戴罪立功"那样的心理效果。

其实,一名领导宽宥属下的某些过失,能够宽大为怀,容人之过,念人之功,谅人之短,扬人之长,那么必然会得到部下的奋力相报,换句话说也是在客观上为自己留下了一条后路。

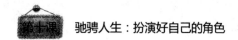

# 是可忍也， 孰不可忍也

孔子谓季氏："八佾舞于庭，是可忍也，孰不可忍也！"

——《论语·八佾》

**【解意】**

**孔子谈到季氏，说："在他的家庙的庭院里用八佾奏乐舞蹈，对这样的事情也能够容忍，还有什么事情不能够容忍呢！"**

很早以前有一位在深山苦修的行者，他每天都是靠野果来维持生存，由于他不断地用功修行，所以身心清净。

有一天，国王带着一支队伍到深山里面打猎，由于他们当时正在追踪一群野鹿，恰巧就遇到了修行者。于是国王便向修行者询问野鹿的去向，修行者心想：如果我把鹿的去向告诉国王的话，不是就和他一样残忍了吗？但是如果我不说的话，那么这样一来又犯了欺君之罪。

国王见到修行者沉默不说话，于是就认为这是修行者在藐视自己，心中顿时气愤万分，便问道："你是谁啊？居然这么大胆，敢不回答我的问题。"

修行者如实地回答说："我是忍辱仙人。"

国王听后恶狠狠地说："既然你说自己是忍辱仙人，那么我倒要看看，你忍不忍得了这份耻辱。"说完国王就拔出了刀，瞬间把修行者的右手给砍了下来，只见鲜血立刻就从修行者那被砍断的手臂上面流了下来。

可是，这个时候修行者根本就没有去理会自己手上的伤痛，当然也没有表现出对国王的一丝仇恨，而是思考着说道："我上求佛道、与世无争，国王对我都能够下得去手，更何况对自己的子民呢？"于是修行者在心中暗暗发愿："有朝一日，我修成正果以后，一定要先来度国王。"

这个时候国王见修行者居然不畏惧痛苦，觉得非常奇怪，但是内心也多了一分愤怒，便再次挥刀向他砍去。

可是这个时候，忽然天地震动，众神愤慨，都要出来惩罚这个性情残暴的国王。但是修行者这个时候却劝说道："对于罪孽深重的人来说，我们应该给予他们更多的宽恕和怜悯，而不应该远离或者舍弃他们。虽然国王这样对我，但是我内心里却是非常同情他的，就好像是一个母亲对自己孩子的感情一样，我的心中对国王从来都不曾有过仇恨，如果我所说的都是实话，那么就让我的身体立刻恢复原状吧。"

果然，当修行者说完这句话以后，他的身体立刻就恢复到从前的完整模样，毫无损伤。天上的众神和国王，以及国王队伍中的人，对修行者的这种大度慈悲之心，都是十分的敬佩。

【释用】

每个人的忍耐都是有一个底线的，"是可忍孰不可忍"所传达的就是一个底线，而这样的情况出现得越多，从某一个侧面也说明其器量越小。当然，这样的话非常容易成为一个人生气的借口，似乎在说明这已是"忍无可忍"。可是，当我们仔细阅读孔子的这段话会发现所表达的精神是"连这个都能忍受，还有什么不能忍受"。

【小语】

世间最大的爱不是去救助那些善良的人，而是去感化那些卑劣的人，因为他们更需要被我们所拯救。所以，当我们面对一个以前有着很深罪孽的人的时候，我们要懂得用一颗怜悯心去接纳他，而不是远远地躲着他，甚至是抛弃他。

# 既来之，则安之

孔子曰："求！君子疾夫舍曰欲之而必为之辞。丘也闻有国有家者，不患寡而患不均，不患贫而患不安。盖均无贫，和无寡，安无倾。夫如是，故远人不服，则修文德以来之。既来之，则安之。"

——《论语·季氏》

【解意】

孔子说："求！君子最痛恨那种嘴上不说'我想得到它'，而一定要替自己的行为去寻找借口的人。我听说有封地有采邑的诸侯大夫，不担忧财富少而担忧财富不均，不担忧人口稀少而担忧境内不安定。因为财富平均就无所谓贫穷；国内太平就不觉得人口少；社会安定，国家就不会倾覆。像这样做，那么远方的人不归服，就应完善文教德化而使他们归顺，使他们归顺以后，就要使他们安居下来。"

有一名刚毕业的大学生陈铭，他在毕业以后到一家公司去应聘，老板仔细看过他的简历后，说："你是毕业生中为数不多的有工作经验的，这点很难得。现在公司还缺一名市场部经理，你觉得你能胜任吗？"原本是指望应聘普通职员的陈铭有点受宠若惊，吱吱吾吾地不敢确定自己是否能胜任。老板见状，拍了拍他的肩膀说："先试试吧，我相信你的能力。我会在最短的时间内告诉你该怎么做。"

陈铭原本以为老板会告诉他基本的工作流程等，结果老板就说了一句话，那就是："每天进步一点点。"然后在陈铭错愕的表情中走开了。以后的工作中，陈铭就牢记住了老板的那句话。遇到解决不了的问题就向公司中的其他同事请教；老板开会的时候认真地做会议记录；每天下班他比别人晚下班两个小时；公司里的事情，他总是抢在别人前面完成。这样的状态他一直坚持，直到后来变成别人向他请教问题，他召集会议，别人做记录。

陈铭的进步老板都看在眼里，后来他由一名对自己工作能力一点信心都没有的市场部经理，成长为一名工作起来游刃有余的市场总监。

**【释用】**

在我们的心里，每个人都希望自己能够比别人强，但是由于种种原因，我们总有不尽人意的地方。想要一步登天是不可能的，不积跬步，无以至千里，不积小流，无以成江海。凡事都有个日积月累的过程，因为欲速则不达。

对于每一个初入职场的年轻人来说，有进取心是一件好事，但切不可急于求成，只要能做到每天进步一点点，既来之则安之，并长期坚持下去，那将会是很大的进步，也许到时候你都会惊异于自己的改变。

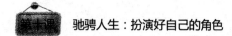
【小语】

一个成功的人士，需要一步一个脚印，脚踏实地，从最低处做起，每天更上一层楼，才能为自己的发展打下坚实的基础。

每天勤奋一点点、每天完美一点点、每天主动一点点、每天学习一点点、每天创造一点点……坚持每天多学一点，就是进步的开始；坚持每天多想一点，就是成功的开始；坚持每天多做一点，就是卓越的开始；坚持每天进步一点，就是辉煌的开始！

无论你在工作中处于什么位置，都不要让自己停止进步的脚步，如果你"每天进步一点点"，哪怕是 1% 的进步，试想，谁能阻挡你最终达到 100% 的成功！

# 见贤思齐焉， 见不贤而内自省也

子曰："见贤思齐焉，见不贤而内自省也。"

——《论语·里仁》

【解意】

孔子说："见到贤人便应考虑怎样才能向他看齐，见到不贤的人便应在内心反省，看自己有没有同样的缺点。"

哈洛·雷恩克是拿破仑·希尔的一位学员，他也是道奇汽车在蒙大那州的代理商。他曾经用过这种方式来处理顾客纠纷，他在报告中指出：由于汽车市场面临的竞争压力，在处理顾客投诉案件时，你不要表现出一种冷漠无情的表情，因为这很容易引起愤怒，甚至不能将生意做成，或者是产生许多的不快。

他对班上的其他学员说道："后来我想清楚了，这样确实无济于事，于是便改变了做事的办法。我转而向顾客这么说：'我们公司犯了不少错误，为此我深表遗憾。请把你碰到的情形告诉我。'这种方法显然消除了顾客的敌意。情绪一放松，顾客在处理事情的过程当中就容易讲道理了。许多顾客对我的谅解态度表示感谢，其中还有两个人带着自己的朋友过来买车。在竞争如此激烈的市场上，我们非常需要这样的顾客。我相信，只要你对待顾客周到有礼，尊重顾客的意见，你也就赢得了竞争的本钱。"

### 【释用】

在问题的探讨上，睿智的头脑是最重要的。有些人不善于向强者学习，不善于让自己的头脑聪明起来，总是自以为是，反而会使自己在关键的时刻变得愚钝。

"以人为师"是每一个强者的座右铭，其意思是：学习别人，发掘自我。这个过程就是寻找自己强项的最好方法。因此，真正的强者应该是谦和谨慎的，而不是傲慢无礼的。

### 【小语】

善于听取别人的意见，并找到改正自己错误的方法，这对一个人来说是极其有益的。盲目自大的人，或者说不去倾听别人意见的人，多半是缺乏向别人学习的态度，看不到大象和老鼠的区别，所以无所大成。

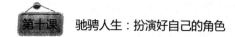

# 君子成人之美，不成人之恶

**【解意】**

**孔子说："君子成全别人的好事，而不成全别人的恶行。小人与此恰恰相反。"**

　　龚遂是汉宣帝时代一名能干的官吏。当时渤海一带灾害连年，百姓不堪忍受饥饿，纷纷聚众造反，当地官员镇压无效，束手无策，宣帝派年已 70 余岁的龚遂去任渤海太守。

　　龚遂单车简从到任，安抚百姓，与民休息，鼓励农民垦田种桑，规定农家每口人种一株榆树，100 棵薤白，50 棵葱，一畦韭菜，养两头母猪，5 只鸡。对于那些心存戒备、依然带剑的人，他劝喻道："干吗不把剑卖了去买头牛？"经过几年的治理，渤海一带社会安定，百姓安居乐业，温饱有余，龚遂名声大振。

　　于是，汉宣帝召他还朝。他有一个属吏王先生，请求随他一同去长安，说："我对你会有用处的！"其他属吏却不同意，说："这个人一天到晚喝得醉醺醺的，又好说大话，还是别带他去为好！"龚遂说："他想去就让他去吧！"

到了长安后，这位王先生终日还是沉溺在醉乡之中，也不去见龚遂。可有一天，当他听说皇帝要召见龚遂时，便对看门人说："去将我的主人叫到我的住处来，我有话要对他说！"

面对这个醉汉，龚遂也不计较，还真来了。王先生问："天子如果问大人如何治理渤海，大人当如何回答？"

龚遂说："我就说任用贤才，使人各尽其能，严格执法，赏罚分明。"

王先生连连摆头道："不好！不好！这么说岂不是自夸其功吗？请大人这么回答：'这不是微臣的功劳，而是天子的神灵威武所感化！'"

龚遂接受了他的建议，按他的话回答了汉宣帝，宣帝果然十分高兴，便将龚遂留在身边，任以显要而又轻闲的官职。

三国末期，西晋名将王濬于公元280年巧用火烧铁索之计，灭掉了东吴。三国分裂的局面至此方告结束，国家又重新归于统一，王濬的历史功勋是不可埋没的。岂料王濬克敌制胜之日，竟是受谗遭诬之时，安东将军王浑以其不服从指挥为由，要求将他交司法部门论罪，又诬王濬攻入建康之后，纵兵抢劫吴宫的珍宝。

这不能不令功勋卓著的王濬感到畏惧。当年，消灭蜀国，收降后主刘禅的大功臣邓艾，就是在获胜之日被谗言诬陷而死，他害怕重蹈邓艾的覆辙，便一再上书，陈述战场的实际状况，辩白自己的无辜，晋武帝司马炎倒是没有治他的罪，而且力排众议，对他论功行赏。

可王濬每当想到自己立了大功，反而被豪强大臣所压制，一再被弹劾，便愤愤不平，每次晋见皇帝，都一再陈述自己伐吴之战中的种种辛苦以及被人冤枉的悲愤，有时情绪激动，也不向皇帝辞别，便愤愤离开朝廷。他的一个亲戚范通对他说："足下的功劳可谓大矣，可惜足下居功自傲，未能做到尽善尽美！"

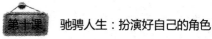

王濬问："这话什么意思？"

范通说："当足下凯旋归来之日，应当退居家中，再也不要提伐吴之事，如果有人问起来，你就说：'是皇上的圣明，诸位将帅的努力，我有什么功劳可夸的！'这样，王浑能不惭愧吗？"

王濬按照他的话去做了，谗言果然不止自息。

**【释用】**

当你在工作中做出一定的成绩后，应懂得用自然而巧妙的语言把自己取得的成绩和荣誉归功于上司。这样做，能显示你自己慷慨大方的品质和对上司的忠诚，这在上司的心中会留下一个好的印象，而且通常这会换来他同样的回报。

如果自以为有功便忘了上司，特别容易招致上司嫉恨，这对于自己的发展来说是非常不利的。在上司面前表白自己的功劳虽说合理，但却不合人情、心理的捧场之需，是很不明智的。而如果你懂得上司喜欢被人夸赞的心理，那结果就会对你非常有利了。

**【小语】**

当你在工作中取得一点点成绩的时候，千万不要居功自傲，自以为是。越是这时你越应当注意到不要让他人认为你是个目中无人的家伙。

# 回也， 非助我者也

## 【解意】

**孔子曾经开玩笑地说："颜回不是对我有帮助的人，他对我说的话没有不心悦诚服的。"**

春秋初期，齐桓公拜管仲为相，管仲主政以后，制定了修好近邻、先内后外、待时而动的治国求霸之策，从政治、经济、军事各方面下大力气进行改革。

在这个时候，齐桓公对管仲可谓是言听计从，大力支持，确保改革能够顺利进行。

最后，也正是通过君臣的共同努力，锐意进取，齐国在各方面都取得了长足的发展。先后主持了三次武装会盟、六次和平会盟，甚至还辅助周王室一次，史称"九合诸侯，一匡天下"，成为公认的霸主。至此，管仲也为齐国创立霸业立下了不可磨灭的功勋。由于有殊勋于齐，被桓公尊为仲父。

齐国称霸以后，又过了六年，贤相管仲生了重病，眼看要不行了。

齐桓公非常着急，亲自去看望他。

齐桓公问他："大臣中谁可以继承您的位置呢？"管仲说："作为君主，您应该比任何人都了解自己的臣子，您应该知道得很清楚。"

当时齐桓公的身边有三个近臣，分别是易牙、开方、竖刁，这三个人都深得齐桓公的宠信。

齐桓公问："易牙怎么样？"管仲说："他杀了自己的儿子来迎合君主，是一个不近人情的人，不可任用。"

齐桓公又问："开方怎么样？"管仲说："他背叛了自己的父母来迎合君主，也是不近人情的人，也不能用。"

齐桓公又问："那竖刁怎么样？"管仲说："他为了迎合君主而阉割了自己，不近人情，更难以信任。"

管仲所说的每一句话都有千钧分量，真可谓是用心良苦啊，可是在齐桓公听来，却很不顺耳。

后来，管仲去世了，齐桓公并没有听从他的意见，还是亲近和重用这三个人，于是这三人把持了朝政大权。

当时齐桓公一共有三个正夫人，但是都没有儿子，而且齐桓公还有许多宠妾。这些妾给他生了十多个儿子，其中有公子姜无诡、公子姜昭等。

管仲在世的时候，齐桓公把公子姜昭立为太子，并且把他托付给宋国的国君宋襄公照顾。

在管仲死了之后，齐桓公的儿子们之间开始钩心斗角，谁都想继承齐国国君的位置。

在冬季里的一天，齐桓公去世了。他的宠臣易牙带兵冲入宫中，与竖刁一起杀死了许多大臣，最后拥立公子姜无诡做了齐国的国君，而太子姜昭则逃奔到了宋国。

其实，早在齐桓公生病的时候，他的儿子们就开始拉帮结派争夺君位。等到齐桓公去世，更是闹得不可开交。

所以宫中无人，齐桓公的尸体也没有人敢装入棺材。结果，尸体在床上居然停放了六十七天，腐烂生蛆，蛆虫甚至爬出了门外。直到姜无诡登位，才装尸入棺，发出报丧的讣告，举行追悼仪式。

## 【释用】

孔子这句话其实是颇有深意的。颜回是孔子的得意弟子，但是颜回始终拿孔子的话当圣旨，失去了自己的思想，这一点孔子也是不赞成的。在孔子看来，能够独立地发表意见，甚至能够发表不同的意见，这才是对自己有帮助的。

现实生活中，有许多人在没有成名成家之前，还是能够做到虚怀若谷，能够接受大家的谏言、诤言，但是一旦当他们有了一定的身份地位，便开始唯我独尊，把良言当毒药，以致最后身败名裂。

可见，人要做到从谏如流是多么的不容易，因为确实许多谏言听起来非常不顺耳，而从另一方面看，进谏的人则更需要胆识，更需要勇气。

## 【小语】

不要认为不说自己坏话的人，就是对自己好的人；也不要认为说了自己坏话的人，就是对自己坏的人。一味地顺从自己的人，也许在心里不一定认可自己；而那些敢于反驳自己的人，也许才是真心希望自己好，关键要看出发点是不是善意的。

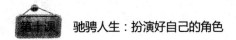

# 先之劳之

**【解意】**

**子路问怎样管理政事。孔子说："自己身体力行给百姓带头，然后让他们辛勤地劳动。"**

孟新星从大学毕业之后就应聘到了一家化工厂当技术员，结果经过几年时间的锻炼和老技术员的帮助，孟新星在工作中取得了一定的成绩，并且被破格提升为了车间副主任，当时大家都夸孟新星年轻有为。

可能是这几年孟新星的工作一直都非常顺利，所以让他开始变得骄傲起来，最后渐渐地滋生了一种自以为是的心态，总是觉得自己年纪轻轻的就当上车间副主任，把别人不放在眼里。

有一次，车间的生产环节发生了一些问题，当然产品的质量也得不到保障了。结果孟新星查看之后就立刻断言是一道工序当中的化学原料配方的比例不合适，要求工人们进行调整，可是调整完之后情况还是没有好转。

就在这个时候，一位技术员提出了不同的意见，认为根本就不是原料配方比例不合适，而是由于机器本身的问题。而且这位技术员还进行了非常详细的分析。孟新星听完之后也觉得这位技术员分析得有道理，但是碍于面子并没有采纳其建议。

结果最后产品的质量根本得不到保证，问题一下子反映到了公司的高层，公司高层请来了专家进行鉴定后果断采用了这位技术员的建议，而孟新星却被公司通报批评。

问题虽然最后解决了，但是给公司造成了不小的损失，特别是孟新星的这种不负责的做法让他的领导对他非常失望，而他这个车间副主任的威信在大家心目当中已经不复存在了。

## 【释用】

不管是在实际生活中还是在职场当中，人们往往欣赏和钦佩那些敢作敢当，勇敢承担责任的人，因为一个人是否有责任感，在一定程度上代表了这个人对待生活的重视态度。

所以我们作为一名员工要明白，在工作中遇到问题的时候，要敢于承担责任，并且通过自己的努力去把问题解决掉。

实际情况是有很多人在遇到问题的时候着急推卸自己的责任，以为这样子老板就不知道，其实这种想法是非常幼稚的。

当我们来到这个世界上，我们就开始每时每刻履行自己的职责，承担起自己的责任，可以说良好的责任意识是每一个人应该具备的最基本的品质之一。

## 【小语】

那么我们如何做才能够更好地担当起自己的责任，扮演好自己的角色呢？

第一，做好每一件小事。

俗话说，"润物细无声"，需要我们担当起自己责任的地方不一定都是马上要涉及企业生存和发展的事情，可是一些在我们看来无关大局的小事情却决定了企业的命运，因为要把一件大事情做好，首先就要把与这件大事情有关系的小事情做好了，所以我们一定不要看不起身边的小事情，要充满责任心地去做好每一件小事。

第二，点亮自己的心。

在职场当中很多人工作没有责任心就在于缺少工作的激情和来自外界的压力。这个时候我们就应该多看看身边优秀的人，从他们身上找到一种危机感，从而让自己产生工作的动力，能够认真地去对待工作，那么自然而然我们每一个人的责任意识就增强了。

第三，懂得反思。

很多时候一个人的真正成长只有在亲自体验之后，而当我们体验过由于自己不负责任所吃的亏之后，相信我们一定会记住之前的教训，能够找出失败的原因，从而改进自己的工作态度，开始认真对待工作，敢作敢为，扮演好自己的角色。